인생에서
중요한 것만
남기는 힘

인생에서 중요한 것만 남기는 힘

초판 1쇄 발행 · 2021년 8월 27일
초판 2쇄 발행 · 2021년 10월 20일

지은이 · 최다혜
발행인 · 이종원
발행처 · (주)도서출판 길벗
브랜드 · 더퀘스트
출판사 등록일 · 1990년 12월 24일
주소 · 서울시 마포구 월드컵로 10길 56(서교동)
대표전화 · 02)332-0931 | **팩스** · 02)323-0586
홈페이지 · www.gilbut.co.kr | **이메일** · gilbut@gilbut.co.kr
대량구매 및 납품 문의 · 02) 330-9708

기획 및 책임편집 · 안아람(an_an3165@gilbut.co.kr) | **제작** · 이준호, 손일순, 이진혁
마케팅 · 한준희, 김선영, 김윤희 | **영업관리** · 김명자, 심선숙 | **독자지원** · 송혜란, 윤정아

디자인 · 박경은 | **교정교열** · 이경숙 | **CTP 출력 및 인쇄** · 금강인쇄 | **제본** · 금강인쇄

ISBN 979-11-6521-630-6
(길벗 도서번호 040157)

정가 15,000원

나의 우선순위가
분명해지는 최적의 삶

인생에서
중요한 것만
남기는 힘

최다혜 지음

더퀘스트

저자 옆에서 15년째 사는 사람 올림

"우리 집을 법정 스님이 보면 화내셨을 거야."

몇 년 전만 해도 아내와 나는 소유욕의 화신이었다. 소유욕이 많다는 건 집이 좁아진다는 의미이기도 했다. 스물일곱과 스물여덟, 7년이 넘는 연애 끝에 결혼한 20대 부부는 예쁜 집을 꾸미고 싶었다. 문제는 집 크기. 우리의 첫 시작은 월세 4만 원짜리인 전용면적 14평 임대아파트였다.

복도식에다 베란다까지 널찍한 구식 아파트는 상당히 아담했다. 공간이라도 여유 있게 비워두었으면 좋으련만, 우리는 잡다한 인테리어 소품을 사서 모았다. 신혼부부가 집을 꾸미지 않으면 의무를 다하지 않은 것만 같은 강박이 있던 시기였다. 목이 긴 철제스탠드를 거실 구석에 놓고, 하얀 원목장식장을 벽에 세웠다. 장식장 칸칸이 여행 기념품을 배치했다. 도자기로 만든 뉴욕 마천루와 유리로 만든 베네치아 곤돌라, 인도산 향이 저마다 자리를 차지했다. 그런데 칸이 모자랐다. 하는 수 없이 나머지 장식품은 상자 안으로 들어가 베란다에서 대기했다. 1군 경기에 나가고 싶은 프로야구 2군 선수처럼.

신혼의 달콤함도 잠시, 이듬해 8월 첫째 딸이 태어났다. 나는 이 아이를 귀한 곳에서 귀하게 키우겠노라고 다짐했다. 그런데 산후조리원에서 나와 우리 집 현관문을 여는 순간 알 수 없는 답답함이 가슴을 짓눌렀다. 기저귀와 순면 내복, 장난감, 포대기 따위를 한 아름 내려놓자 거실은 발 디딜 틈이 없었다. 물건 지옥이 시작된 것이다.

2개월, 3개월, 아이가 자랄수록 사야 할 물건이 늘어났다. 젖병, 살균소독기, 분유포트기, 아기띠 등 국민 육아템의 이름을 가진 물품들이 집에 쏟아졌다. 아이가 이불을 자꾸 걷어차면 양쪽에 베개를 두어 눌러주면 될 것을 굳이 '요술이불'을 사서 해결했다. 물건으로 부모의 편리함과 아기의 쾌적함을 확보할 수 있다면 무엇이든 괜찮았다. 덕분에 나는 분리수거를 단 하루도 거를 수 없었다. 게으름을 피웠다가는 택배 상자와 완충

재로 현관이 막혀버렸을 테니까.

　미친 듯한 소비생활에 균열이 생긴 건 '볼풀장' 때문이었다. 어느 날 아내가 싸게 잘 샀다고 셀프 칭찬을 하며 이상한 플라스틱공으로 가득한 거실을 보여줬다. 그곳에서 첫째가 플라스틱공을 헤치며 버둥거리고 있었다. 나는 쓰레기 바다에서 헤엄치는 새끼 돌고래 한 마리를 환영으로 본 듯했다. 뭔가가 잘못돼도 한참 잘못됐다. 이건 정말 정신 나간 짓이라는 자각이 퍼뜩 들었다. 도대체 침대를 제외하고 성인 남자가 마땅히 누울 자리 하나 없다는 게 말이 되는가.

　식은땀이 흘렀다. 이제는 인정해야 했다. 우리는 쇼핑중독이었다. 조금 더 좋은 옷, 약간 더 편리한 기기를 구하려고 쇼핑몰 할인 시즌을 연구했다. 쿠폰을 모으고, 카드사 청구할인이 되는 날짜를 일정표에 적었다. 통장 잔고는 계속 줄었으나, 우리는 합리적으로 육아를 하고 있다며 진실을 외면했다. 그런데 볼풀장이 자기기만의 위장막을 깨뜨렸다. 흔들리는 남편의 눈빛이 심상치 않음을 눈치챈 아내가 불안한 목소리로 말했다.

　"거실이 살짝 비좁긴 하네? 그래도 애가 좋아하니까."

　나는 고개를 끄덕여주지 않았다. 대신 어디서 주워들은 말을 이리저리 갖다 붙이며 본심을 전했다. "천장 높은 집에서 자란 애들이 사고가 자유로워 잘 큰단다" "덴마크 부모들은 정작 레고 많이 안 사준단다". 내가 말을 빙빙 돌리자 아내가 문장을 끊었다. 그래서 하고 싶은 말이 뭐야?

"답답해. 저거 버리자."

아내는 다른 평행우주에서 나타난 남편을 바라보듯 눈알을 굴렸다. 낯선 반응, 그러나 무슨 말을 하고 싶었던 건지는 서로 이미 알고 있었다. 지금의 생활은 분명 건전하지 않았다. 우리는 육체적으로나 정신적으로나 몹시 피곤했다. 젊으니까 육체 피로는 견딜 수 있다고 해도, 사서 고생하는 정신적 피로는 견디기 힘들었다.

아내가 육아휴직 중이었기에 나는 한 푼이라도 더 벌려고 특강, 원고 기고, 주말 출장을 기회가 닿는 한 했다. 또 아내는 수십 권의 육아 서적을 섭렵하며 벌이가 허락하는 한 아이에게 좋은 조건을 제공하려 애썼다. 더 나은 삶을 위해 최선을 다했지만, 몸은 지쳐가고, 시간은 부족하고, 공간은 쪼그라들었다. 물건중독 악순환의 삼위일체.

"나에게 며칠만 줘. 싹 치울 테니까."

독서광인 아내는 인터넷 서점 홈페이지부터 열었다. 검색 키워드는 '살림'. 100권이 넘는 책 중에서 판매량과 독자 리뷰를 기준으로 다섯 권을 후보로 추렸다. 그리고는 당시의 베스트셀러 《멋진룸 심플한 살림법》을 주문했다. 그때는 알지 못했다. 내가 2년 뒤 하루 식비 1만 5,000원으로 살게 될 줄은.

"볼썽사나운 볼풀장부터 처분해야겠어!"

아내는 지역 맘카페 중고거래 게시판을 점령했다. 물건을 연달아 거의 공짜 수준에 올렸다. 택배 기사만 찾아오던 우리 집에 중고거래자들이 등장했다. 나눔에 가까운 중고 거래는 순식간에 이루어졌고 볼풀장이 사라지는 데 이틀이 걸리지 않았다. 쓰레기 바다에서 헤엄치던 돌고래는 인간의 거실로 돌아왔다. 그리고 인간성을 회복한 아내는 초인이 되기 위한 준비를 개시했다.

"1년 동안 한 번도 안 입은 옷과 물건 다 버리자. 괜찮은 건 팔아버리고."

무서울 정도였다. 아내는 물건을 버리는 희열(이라 쓰면 혼나겠지만, 적어도 내 눈에는 그렇게 보였다)에 빠져 있었다. 팔 물건과 버릴 물건 목록이 나왔다. 쓸만한 건 죄다 '중*나라'나 지역 맘카페에 올리고 폐기 대상은 50리터 종량제 봉투에 담았다. 의류 중에서 애매한 것들은 깨끗하게 세탁해 의류 수거함에 넣었다. 네이버카페 알림창에 거래 성사 댓글 알림이 뜨고, 쓰레기 봉투가 집 밖으로 하나둘 나갈수록 집은 넓어졌다. 볼풀장의 기적이라 봐도 좋았다. 가끔은 충격요법이 통하기도 한다.

버린 것이 있다면 들여온 것도 있다. 의외일 수 있겠지만 책이다. 소박함과 간결함이 일시적인 선택으로 그치지 않으려면 내면의 변화가 동반되어야 한다. 아내는 헨리 데이비드 소로의 《월든》, 도미니크 로로의 《심플하게 산다》, 마이크 비킹의 《휘게 라이프》 같은 도서를 읽었다. 공부에 일가견이 있던 사람답게 책을 흡수하는 속도와 깊이가 굉장했다. 변화는 극적으로 찾아왔다.

특히 가계부는 실질적으로 집의 경제구조를 바꿨다. 지출과 수입을 일목요연하게 정리하자 불필요한 소비가 대번에 드러났다. 우리 집의 경우 홧김에, 기분이 좋아서, 한정판이니까 나간 돈이 전체 지출의 30퍼센트를 차지했다. 믿기지 않는다면, 지난 3개월 간의 신용카드 이용 목록을 꼼꼼히 들여다보길 추천한다. 소비자를 현혹하는 상업주의의 능력을 절감할 것이다. 우리는 신용카드를 잘라버렸다. 대신 고전적으로 현금 생활을 선택했다. 현금은 돈 나가는 게 손끝에 느껴진다. 지갑이 가벼

위지는 걸 무게로 체감하면 함부로 소비할 수 없다. 스마트폰 요금도 실속형 요금제로 바꿨다. 특별한 날에 먹던 스테이크도 과감히 포기했다. 삭막하다면 삭막해 보이겠지만, 너무 많은 물건과 낭비에 절어있던 우리의 기분은 도리어 상쾌했다.

비우기 실천 1년 만에 방이 한 칸 더 있는 집으로 이사했다. 특별한 비결은 없다. 단출하게 사니 돈이 남았고, 그 돈을 적금 계좌에 몽땅 부었다. '1+1=2'만큼이나 간단한 수식이다. 이제는 너무 애쓰지 않아도 물건 양을 조절할 수 있다. 심지어 둘째가 태어나 세간살이가 늘어날 법도 한데 공간은 충분하다. 책이 많다 싶으면 책을 나눔하고, 아이들 연령과 맞지 않는 장난감은 이웃에게 건넨다.

비우기와 검소함을 실천하면서 우리는 상품과 광고에 빼앗겼던 소중한 인생을 되찾았다. 왜곡된 소비에 휘둘리지 않고 줏대 있게 산다. 많은 사람이 '비우기'와 '검소하게 살기'가 우악스럽다고 억척스럽다고 오해한다. 우리는 결코 부족하거나 쫓기듯 살지 않는다. 삶을 묵직하고 의미 있게 살아내기 위해 불필요한 것들을 덜어낼 뿐이다. 우리의 자산은 꾸준히 늘어나는 중이다. 더불어 삶을 풍성하게 해줄 분야에는 과감하게 지출한다. 진심으로 만족스럽다.

이 책은 아내의 실천 기록을 엮은 책이다. 그악스럽다는 비방과 함께 '어떻게 그 정도로 살아가느냐' '거지 같다'는 악플을 매주 마주하지만, 우리는 괜찮다. 실제 삶이 괜찮을뿐더러 이런 삶의 방식을 공유하고 싶은 바람마저 있다. 편안하고 좋기 때문이다. 그 길을 많은 사람과 함께 걷고 싶다.

이준수

'돈이면 다 된다'는 말이 대수롭지 않게 쓰이는 세계에 산다. 돈만 있으면 뭐든 할 수 있다는데! 얼핏 희망적인 말로 들리지만 이 말을 들을 때면 나는 불행하고, 불안했다. 돈 없으면 아무것도 못 한다는 말과 다름없었으니까.

신혼 때까지만 해도 불안하지 않았다. 월셋집을 구하고, 차를 사고, 결혼식을 치르느라 모은 돈을 다 썼는데도 별걱정이 없었다. 맞벌이인 우리에게 돈이야 다시 모으면 되는 거니까. 요즘처럼 먹고살기 힘든 때에 빚 없이 결혼한 것만으로도 우리는 몹시 현명한 젊은이라며 자축했다.

하지만 아이가 태어난 후 달라졌다. 우리는 외벌이가 되었다. 남편 소득으로만 먹고살아보니 돈에 쫓겼다. 원하는 만큼 돈이 없었다. 돈이 부족한 현재가 불행했고 돈이 부족할 미래가 불안했다. 돈이면 다 되는 황금만능주의 앞에서 살짝 두려워졌다. 돈을 가지고 있어야만 만능이었으니까. 책임져야 할 아이는 생겼는데, 미래는 어둡고 이러다 굶어 죽는 거 아니야?

그런데 돈 걱정은 되지만 노동은 줄이고 싶었다. 그래서 증권 계좌조차 개설하지 않았다. 누군가는 주식으로 쉽게 돈을 번다고 말하지만, 나는 반대로 생각한다. 주식은 노동이다. 주식을 사고파는 방법이나 그래프 해석 등에 대해서 공부해야 할 뿐더러, 시시각각 변하는 경제 흐름에 기민하게 대처해야 하는 육체노동이다. 게다가 기업 소식은 연일 쏟아지고 주식 그래프도 출렁인다. 아무리 장기 투자라 할지라도 나는 새가슴이라 주식 현황판에 환호와 실망을 반복하고야 말 것이다. 더 이상의 감정노동은 사양하고 싶다.

추가 노동 없이 돈 걱정을 안 하고 싶다니, 너무 욕심을 부리는 걸까. 하지만 의외로 단순한 해법이 있었다. 바로 사지 않는 삶이다. 돈을 멀리하자는 이야기는 아니다. 나 역시 필요하다고 생각되면 돈을 쓴다. 카페에서 누리는 커피 한 잔의 여유를 사랑하고, 좋아하는 책방에서 꼬박꼬박 책을 구매한다. 가급적 식재료는 유기농 매장에서 마련하고, 때때로 꽃을 사서 집 안을 장식한다. 세탁기의 힘을 빌려 빨래를 하고, 전기밥솥으로 밥을 지으며, 물을 끓일 때 전기포트를 쓴다. 아무것도 사지 않는 자연인으로 살아갈 수는 없다. 두 아이를 키우며 매일 손빨래를 해야 한다면 나는 주저앉아 울어버렸을지도 모른다.

다만 나에게 불필요하다고 생각하는 것은 사지 않는다. 의류건조기, 식기세척기 등 편리한 기기를 집에 들이지 않고, 전문가에게 아이 교육을 전적으로 의존하지 않는다. 적당히 더럽고 깨끗하게 집을 정돈한다. SNS에 올려서 자랑할 정도로 예쁘게 집밥을 차리지는 못하지만, 여유롭고 건강한 집밥을 해 먹으며 과식도 안 한다.

중요한 것은 정상궤도의 감각이다. 주식을 해도 내 삶은 정상궤도에 있을까? 단정할 수 없지만, 적어도 어린 두 아이를 양육하는 지금 나는 내 시간이 목마르다. 여기에 주식 노동까지 이어진다면 매일 손빨래하는 삶만큼이나 고되고 지쳐서 주저앉을지도 모른다. 번 돈보다 적게 쓰면 하고 싶은 일을 하며 살 수 있다. 과잉소비를 하지 않으면 자연스럽게 필요 이상의 노동을 하지 않게 되고 책도 푸지게 읽고 새벽에는 글도 쓰며 살 수 있다. 그러니 너무 많은 노동을 경계하기 위해 주식을 하지 않기로 했다.

나에게 필요한 것만 남길수록 삶을 회복했다. 그리고 이 책을 갈무리할 때 즈음 '나는 어떻게 살아야 하는지' 더욱 선명하게 알게 되었다. 이전에는 막연하게 돈을 많이 벌어야 한다고 생각했다면, 이제는 살림하고 돌보는 데 필요한 돈이 얼마인지 안다. 그러니 더 많이 일하느라 살림과 돌봄을 희생할 일도, 살림과 돌봄을 외주화하다가 다시 일터나 투자 압박에 내몰릴 일도 없다. 편리한 삶은 아니지만 해방감을 느끼고 있다. 돈으로 삶의 문제를 해결하려 들 때보다 내 힘으로 해결하려 할 때 비로소 불안과 고통이 줄었다. 무엇보다 내 행복이 큰돈에 좌우되지 않고, 소박한 일상에서도 채워짐을 깨달았다. 더 이상 현재가 불행하지도, 미래가 불안하지도 않다. 큰돈 없이도 오늘이 즐겁다.

누군가에게는 식기세척기가, 또 누군가에게는 로봇청소기가 삶의 정상성을 유지해주는 고마운 물건일 수도 있다. 사실 각자에게 가장 최선인 삶의 방식을 찾는 것이 문제다. 어떻게 사지 않는 삶만 정답이라고 말할 수 있을까.

그저 지금 경제적 자유를 고민하는 사람들에게 나는 흔히들 하는 이야기가 아닌, 다른 이야기를 하고 싶었다. 어제보다 나은 하루를 꿈꾸지만 일상을 해치고 싶지는 않은 사람들에게도 답이 있다고 말이다. 지칠 정도로 열심히 일해서 많이 버는 이야기 말고, '사지 않는 삶'을 훈련하고 있는 나의 이야기가 그들에게 위안이 되길 바란다. 오늘을 위해 미래를, 미래를 위해 오늘을 희생하지 않고 골고루 아끼며 예뻐하는 지금 삶의 방식이 나는 참 좋다.

최다혜

차례

1.

어제보다
나은 하루를 꿈꾸지만
일상을 해치고 싶지는 않다면

2.
필요가
피로가
되지 않게

3.

누가 뭐라 해도
흔들리지
않는 법

4.

지구를 지키는 일이
곧 나를
지키는 일

1.

어제보다

나은 하루를 꿈꾸지만

일상을 해치고 싶지는 않다면

사지 않는 삶,
해볼 만합니다

덜 쓰는 연습 덕분에 미래에 대한 불안과
두려움에서 조금씩 벗어나고 있다.
큰돈을 쓰지 않아도 내 삶은 충만하다.

운동화 한 켤레만 2년 동안 신고 다니는 게 반년마다 바꿔주는 것보다 편할 줄 알았다. 집 앞 공원 나들이가 20킬로미터 떨어진 동물농장 나들이보다 더 수월할 줄 알았다. 쉽고 간단해 보였다. 고작 '하지 않는' 행위일 뿐이니까. 어려울 리 없다고 생각했다.

하지만 마음잡고 절약한 지 3년 즈음이 되어서야 알았다. 돈 덜 쓰는 삶이 돈을 소비하는 삶보다 어렵다는 걸. 간소한 삶은 마음만 먹으면 바로 실천할 수 있는 삶의 양식이 아니었다.

간소한 삶을 막연히 상상할 때는 쉬운 듯했다. 옷을 덜 사고, 키즈카페에 안 가고, 쓰던 스마트폰 계속 쓰는 게 쉽고 간단해 보였다. 돈 안 쓰는 자리를 노동으로 채워야 할 줄은 몰랐다. 장난감을 사주지 않으려면 놀이터로 가서 모래놀이를 해줘야 했다. 외식하지 않고 집밥을 먹으려면 마트에서 장을 보고 조리대에서 한참을 움직여야 했다. 간소하지만 정갈한 집에서 우아하게 햇볕 만끽하며 녹차를 마시는 삶일 줄 알았더니, 그 민낯은 냉장고 청소를 하다가 구석에 처박힌 북어채를 보고는 '와!

잊고 있던 식재료를 발견했어!' 하며 신나하는 삶이었다. 결코 편안하지 않았다. 단순할 줄 알았던 '덜' 하는 일상을 본격적으로 시작하면서 온몸이 피로해졌다.

돈은 굉장히 편리한 교환 수단임을 깨달았다. 그동안 노동을 돈 주고 메꿔왔던 것이다. 그러니 쓰는 삶은 쉬웠고 간소한 삶은 어려울 수밖에 없었다.

하지만 마냥 쓰는 삶은 불안했다. 돈에 의존할 때마다 삶의 방향키를 빼앗긴 기분이 들었다. 기분 탓만은 아니었다. 많이 벌고 많이 쓰는 삶은 결국 '많이 벌어'야 가능한 삶이었다. 많이 벌기 위해서는 많이 일해야 했다.

주말에는 백화점 가서 쇼핑을 하고 외식도 하자고 했어. 걔가 나한테 입을 맞추며 말했어.

"조금만 돈이 있으면 한국처럼 살기 좋은 곳이 없어. 내가 평생 너 편하게 살게 해줄게."

그렇게 말하고는 씻지도 않은 채 침대에 누워 바로 곯아떨어졌다.*

소설 《한국이 싫어서》에 등장하는 지명이는 계나를 행복하게 해주겠다며 주말에는 쇼핑하고 외식하자 약속한다. 그리고 말하자마자 피곤해서 씻지도 못하고 죽은 듯 잠들어버린다. 돈만 있으면 살기 좋은 한국이란 나라에서 지명이가 씻고 자려면 돈이 얼마만큼 있어야 할까. 쉽게 행복해질 수 없음을 못 박아버린 장면이다.

그런데 소설 속 지명이의 이야기는 남 일이 아니다. 편하게 살려고 많이 벌고, 많이 벌기 위해 더 일하고, 쥐꼬리만큼 남은 시간에 돈을 써서 편리함을 누리는 건 한국인의 전형적인 삶이다. 한국은 OECD 국가 중 근로시간이 상위권을 차지한다. 쉬지 않고 벌어서 많이 써야만 행복해지는 현실은 절망적이다.

간소한 삶을 어렵지만 용기 있게 받아들인 이유이기도 했다. 주말에 백화점 쇼핑을 안 한다면, 외식 몇 번 덜 한다면, 지명이가 깨끗하게 씻고 나와 맥주 한 캔 곁들이며 수다 떨다가 잠들 수 있을 것 같았다. 그러면 지명이의 약속처럼 편하게 살 수는 없어도 행복하게 살 수 있지 않을까. 그래서 나는 많이 벌어 많이 쓰기보다, 적당히 벌어 적게 쓰는 삶을 택했다.

덜 쓰는 삶을 몸에 새기려 연습했다. 일주일 동안 한 푼도 쓰지 않는 '무지출 삶'도 시도해보고, 냉장고 파 먹기(냉장고 속 식자재를 전부 쓰기 전까지 새로 장을 보지 않는 살림법)를 해보겠다며 냉장고 지도(냉장고 속 식자재를 정리한 종이)를 그리기도 했다. 또 봉투에 만 원 한 장씩 넣어서도 생활했고, 안 쓰는 물건은 중고장터에 모두 팔아버렸다. 신용카드를 잘라 쇼핑도 삼갔다.

처음부터 잘할 리는 없었다. 쓰는 삶과 덜 쓰는 삶을 왔다 갔다 했다. 그러나 마음먹고 절약해보니 점차 소비 패턴을 바꿀 수 있었다. 외식보다 집밥을 먹었고, 키즈카페보다 도서관과 공원에 갔으며, 카페에서 원두를 사서 직접 커피를 내려 마셨다.

왜 돈을 덜 써야 할까? '돈'에 대한 질문의 끝에는 늘 어떤 삶을 살고 싶은지에 대한 고민이 묵직하게 자리했다. 나는 '행복 분산 투자'를 위해 절약한다. 지금도 행복하고, 5년 뒤, 10년 뒤 그리고 백발 호호 할머니가 되어서도 행복하려고 하루 식비 1만 5,000원씩 계산하며 생활하는 중이다.

돈을 안 쓰면 왠지 고통만 있을 법하지만 그렇지 않다. 안 쓰면 남는다. 자본주의의 에너지인 돈이 잉여 자본으로 차곡차곡 쌓인다. 이렇게 한 푼, 두 푼 쌓은 돈으로 죽을 때 금관을 짜려는 건 아니고, 그렇다고 두 딸에게 유산으로 남겨주려는 것 또한 아니다.

계좌에 점점 더 늘어나는 숫자 0은 불안한 미래를 대비하기 위함이고, 노후의 안락한 생활을 위한 보루이다. 금융위기가 터져도, 직장을 잃어도, 혹은 퇴직을 해도 지금처럼 카페 가고 싶을 때 카페 가고, 외식하고 싶을 때 외식할 수 있으려고 간소하게 산다. 덜 쓰는 연습 덕분에 미래에 대한 불안과 두려움에서 조금씩 벗어나고 있다.

돈을 멀리하려는 게 아니다. 삶 전반에 골고루 행복을 깔아두기 위해서 절약한다. 간소한 삶, 내가 할 수 있을 만큼의 절약 덕분에 세상에 대한 무한한 용기와 자신감을 갖게 되었다. 전용면적 약 17평인 작은 집에서 4인 가족이 살며 좋은 점들을 발견했고, 에코백이 있는데 가죽가방을 구태여 사야 할까 반문하는 무딘 사람이 돼버렸다. 대형 SUV가 없어도 별일 없다는 것도 깨달았다. 큰돈을 쓰지 않아도 내 삶은 충만하다.

더불어 할 수 있는 일도 늘었다. 자산관리를 할 줄 알게 되었고, 더 많은 음식을 뚝딱 요리해서 차려낼 수 있게 됐다. 장난감 없이도 아이들과 노는 법을 터득했고, 이제는 영유아 학습지에 의존하지 않고도 오감놀이를 할 수 있다. 돈을 뺀 자리에 노동이 들어가야 했기에 더 많은 일을 할 줄 알게 되었다.

돈 덜 쓰는 일, 어렵지만 한 번쯤 해봄 직하다.

---

*   장강명, 《한국이 싫어서》, 민음사, 2015년, 147.

편리한 기기의
빈자리를
채워준 것들

가전제품의 빈자리를

가족의 값진 노동으로 채우며 산다.

이런 우아한 노동이라면 기꺼이 한다.

◇◇◇

나는 절약이 싫었다. 씀씀이를 줄이는 일은 사람을 피곤하고 초라하게 만들고 자존감을 떨어뜨리는 일이라고 생각했다. 그래도 절약을 해야만 했다. 살다 보니 그런 때가 왔다. 첫 시작은 스물일곱 살 신혼 때였다. 그때로 돌아간다면 어렸던 나를 안아주고 싶다. 멋진 선택이었다고.

신혼살림은 단출했다. 일단 텔레비전이 없었고, 텔레비전이 없으니 자연스럽게 텔레비전 장식장과 소파도 안 샀다. 새 물건보다 헌 물건이 많았다. 남편이 자취할 때 쓰던 것들이었다. 행거, 책상, 의자, 세탁기와 가스레인지 모두 수년간 남편의 손때가 묻은 물건들이었다. 심지어 의자는 남편이 일곱 살 때 샀던 거다. 30년 가까이 묵은 골동품이다.

스물일곱 아가씨와 스물여덟 청년이 안빈낙도를 추구하려는 큰 뜻이 있었던 건 아니다. 단지 양가 어른들의 노후를 지켜드리려면 손을 벌려서는 안 됐고, 사회 초년생들이라 돈이 넉넉하지 않았다. 결정적으로 은행 빚으로 결혼생활을 시작하기 싫었다. 그러니 큰 집은 언감생심이었고, 전용면적 14평짜리 집의 거실은 좁아서 가구 하나를 들일 때도 신중해야 했다.

그래서 텔레비전을 들이지 못했다. 쓸만한 벽걸이 텔레비전은 200만 원을 웃돌았고, 벽걸이 텔레비전이 아니려면 텔레비전 장식장을 마련해야 했다. 텔레비전 장식장을 놓으면 거실이 너무 좁아져 공간이 여유를 잃었다. 보고 싶은 영상은 중고로 산 아이패드로 보기로 하고, 텔레비전 구입을 포기했다.

못 산 살림이 텔레비전뿐이랴. 김치냉장고, 소파, 무선청소기, 의류건조기, 제습기, 식기세척기, 의류관리기, 커피머신 등 남들이 편리하다고 말하는 기기는 대부분 들이지 못했다. 누가 사준다고 해도 작은 집엔 놓을 자리도 없었다.

그런데 웬걸. 절약을 해야만 했기에 돈을 덜 썼을 뿐인데 의외의 효과가 있었다. 텔레비전 대신 거실 벽에 책장을 세웠다. 소파 대신 식탁에 앉아 책을 읽었다. 식탁이지만 상관없었다. 어질러진 김칫국물은 쓱 닦으면 그만이었다. 심심해지면 밖으로 나가 산책을 했다. 책을 읽을 때마다 할 말이 늘었다. 8년을 연애하고 결혼했는데도 서로 하고 싶은 말이 아직도 많이 남아 있어 쉬지 않고 떠들었다.

우리가 무슨 이야기를 했더라. 돌이켜 보면 '뭘 갖고 싶은가'에 대한 이야기는 없었다. 주로 어떻게 살고 싶은지 이야기했다. 집에 텔레비전이 없으니, 광고를 보고 뭔가를 사야겠다는 충동도 심하게 들지 않았다. 미디어를 자주 보지 않으면 어느 정도가 '남들만큼' 사는 건지 잘 몰랐다. 덕분에 독자적인 생활 방식을 갖추게 되었다.

몸을 움직이는 일도 늘었다. 김치냉장고가 없으니, 자주 장을 봐서 필요한 만큼의 식재료만 냉장고에 넣어두었다. 빨래는 햇볕에 뽀송하게 말렸다. 잘 마른 빨래에서 햇볕 냄새가 났다.

서서히 몸으로 알아갔다. 돈으로 무엇이든 해결할 수 있는 세상에, 돈 대신 몸을 움직이면 꽤 쓸모 있는 사람이 된다는 사실을. 책 읽고 산책하며 여유를 즐겼고 소비 욕구가 줄었으며 할 줄 아는 일이 늘었다. 저축도 매달 할 수 있었다. 그렇다고 불편하지도 않았다. 처음부터 최소한의 가전과 서비스로 시작해서 뭐가 불편한지도 잘 몰랐다. 나에게 편리한 기기는 불필요한 사치였다. 이러한 사치에 길들여지는 순간, 편리한 기기는 필수품이 되어버리지 않을까. 스마트폰과 텔레비전처럼 말이다.

하지만 집이 작고 신혼살림이 단출한 데 비해 한 달 생활비는 헤펐다. 몸 아프면 죽 사 먹고, 살이 찌면 헬스장에 가는 걸 당연하게 여겼다. 내키면 새 가방과 새 옷, 새 구두를 샀다.

첫째 아이를 임신하고서도 마찬가지였다. 내게 출산 준비는 태교뿐만이 아니었다. 절반이 쇼핑이었다. 국민 육아템 리스트를 뽑고, 순서대로 사들였다. 빨래를 삶지 않아도 된다기에 아기 세탁기를 샀다. 열탕 소독이 번거로울 것 같아 젖병소독기를, 탕온계를 매번 넣기 귀찮아 온도계가 달린 아기 욕조를 들였다. 빨래는 정말 가끔 하고 싶어 손수건도 쉰 장, 내복도 열 벌씩, 뭐든 넉넉하게 쟁여뒀다.

'아기 세탁기 없어도 돼요. 삶는 빨래 잠깐이에요.'

'젖병소독기 자리만 차지하죠. 아기가 모유만 먹을 수도 있어요. 일단 사지 마세요.'

'아기 욕조로는 다라이(대야)가 최고입니다. 아기 욕조 필요 없어요.'

'아기 옷은 선물로 다 들어오니까, 미리 사지 맙시다.'

아기를 미리 낳아 돌본 선배 엄마들은 한결같이 미리 사지 말고 키워보다가 천천히 결정하라고 조언했다. 하지만 나는 광고 한 줄을 더 믿었다. 아니, 돈의 힘을 믿었다. 그게 내가 살아오면서 문제를 해결하는 방법이었으니까.

결국 아기 세탁기는 양말 세탁기가 됐다. 젖병소독기가 있어도 펄펄 끓는 물에 젖병을 소독해주고 싶었다. 아기 욕조에 달린 온도계는 쉽게 고장 났다. 사실 고장 나기도 전에 팔꿈치로 물 온도를 가늠할 줄 알게 됐다.

하지만 나는 달라지지 않았다. 낯설고 어려운 육아 앞에서 돈으로 해결하려 들었다. 아이가 심심해하면 한 시간에 만 원 하는 오감놀이센터 수업을 신청했다. 월령별 장난감을 검색해, 매달 몇 개씩 주문했다. 인기 연예인의 자녀가 하고 나온 헤어밴드를 월급날마다 하나씩 샀다. 기분 내고 싶으면 경치 좋은 카페로 갔고, 제일 좋은 숙소를 예약해서 여행을 떠났다.

육아는 힘들었고, 지갑을 열면 개운했다. 하지만 쓰면 쓸수록 돈은 없는 법. 점점 살림은 빠듯해졌다. 가뜩이나 좁은 집에 국민 육아템을 모시게 되면서 어른 앉을 자리도 사라져 갔다. 다시 절약을 해야만 하는 순간이 온 것이다. 하지만 돈으로 메꾸던 편리와 즐거움을 누리지 못하다니! 나는 두려웠다. 궁상맞게 추락할 내 삶이 걱정되었다.

그런데 참 신기했다. 당분간 즐거움을 참고 견뎌야 할 줄 알았는데, 의외로 덜 쓰며 산다고 삶의 질이 떨어지지 않았다. 네 식구 짜장면 먹을 돈으로 마트에서 해물탕 재료를 사서 끓였다. 카페 대신 집에서 내 취향의 음악을 들으며 인스턴트커피를 마시고 책을 읽었다. 체험형 동물농장 대신 시립미술관 기획 전시회를 관람했다. 오감놀이센터 말고 도서관에 가서 아이를 무릎에 앉히고 동화를 읽어주었다.

도서관뿐이랴. 아이들과 산천을 누볐다. 흙 위를 뒹굴며 놀았다. 크레파스로 나뭇잎을 색칠했다. 돌멩이를 모아 탑을 쌓거나 케이크를 만들고, 때로는 얼굴 표정을 만들었다. 아마 오감놀이센터에 갔다면, 색소로 물들인 당면 위를 아이가 헤엄쳤을 거다. 색소보단 흙이 낫다.

아이를 깨울 때는 인공지능이 들려주는 뽀로로 노래가 아닌, 방문을 살짝 열고 엄마와 아빠의 부산한 아침 식사 준비 소리를 들려준다. 우리 아이들은 늘 아빠의 출근 준비 소리와 엄마가 계란을 깨뜨려 계란말이 만드는 소리로 깬다. 나는 아이들이 부스스하게 일어나 방문을 열고 기어 나올 때마다 아이들을 와락 끌어안는다. 그 순간이 더없이 행복하다.

절약, 겁부터 날 수 있다. 쓰는 일보다 덜 쓰는 일이 단연 힘들다. 하지만 비참하진 않다. 검소한 삶의 일상은 우아함으로 가득하다. 책, 꽃, 아이들이 있으며, 도서관과 미술관 그리고 공원이 있다. 이 모든 게 공짜다. 공짜를 비루하다 생각했으나, 책과 꽃을 보는 이 삶이 비루하다는 생각은 안 든다. 삶의 질도 떨어지지 않는다. 다음 끼니를 걱정할 정도가 아니라면 생각보다 돈이란 게 삶을 크게 좌지우지하지 않음을 깨닫는다.

그래서 아직도 부족하냐고? 그럴 리가. 돈을 안 썼으니 모았다. 절약 후 1년 뒤, 전용면적이 17평인 집으로 이사했다. 지방이라 집이 쌌다. 딱 1,000만 원 더 들었다. 집도 한 채 더 사서 월세도 받았다. 월세 받은 돈으로 텔레비전 살 거냐고 묻는다면, 그럴 리 없다고 답하고 싶다. 편리함을 늘리기 위한 지출은 최소화하고 삶을 개선하기 위한 지출을 최대화할 것이다. 더 안전하고, 더 건강하고, 더 사랑하며, 더 지혜로운 삶이 우선이다. 책 읽고, 산책하고, 글 쓰고, 아이들과 몸으로 노는 지금의 삶을 잃고 싶지 않다. 남편과 알콩달콩 가꾼 따뜻한 우리 집에 변화를 주고 싶지 않다.

그럼 돈을 왜 저축하냐고? 미래의 불안을 대비하는 것은 본능이다. 자산은 자산이고, 삶은 삶이다. 자산이 많아진다고 지금 만족스러운 삶에 사치품을 들일 필요는 없다. 로또를 맞아도 지금처럼 살 거다. 더 많이 소비하려고 월세받고 절약하는게 아니라, 우리 가정의 셀프 안전망을 튼튼하게 만들기 위해 돈을 모은다. 행복할 만큼만 절약해서 모은 자산으로 백발 호호 할머니가 되어서도 커피 한 잔에 책 한 권 사볼 것이다.

적은 돈으로 시작한 신혼 덕분에, 돈과 삶의 분리를 몸에 익힐 수 있었다. 신형 가전제품을 못 들이는 신혼 그리고 육아 비용을 최소화해야 하는 빠듯한 생활비, 절약해야만 하는 상황은 불행으로 위장한 행복의 다른 모습이었다. 가전제품의 빈자리를 가족의 값진 노동으로 채우며 산다. 이런 우아한 노동이라면 기꺼이 한다.

철학이 있는 절약가는 위축되지 않는다.
오히려 '나는 의미 있는 삶을 살고 있다'는
자신감이 있다.

◇◇◇

수영 선수 마이클 펠프스Michael Phelps와 피겨 여왕 김연아는 같은 질문을 받았다.

"힘든 훈련을 극복하는 요령이 있나요?"

그리고 둘은 같은 대답을 했다.

"그냥 해요."

큰 성취를 이룬 사람들은 목표에 매진한다. 쉬는 시간 10분, 밥 먹는 시간, 용변 보는 시간마저 아끼며 잠들기 직전까지 에너지를 끌어올려 원하는 바를 이룬다. "그냥 한다"는 성의 없는 대답이 아니다. 뒤도 돌아보지 않고 전념하겠다는 자세의 상징이다.

여기에는 질문이 없다. '왜 훈련해야 하지?' '왜 공부해야 하지?'라는 질문은 성찰보다는 핑계가 되는 경우가 많기 때문이다. 보통 우리는 해야 할 이유 열 가지보다 하지 말아야 할 이유한 가지를 더 크게 느낀다. 훈련이 버거워서, 공부가 지겨워서, 자기만의 합리화를 한다. 그 결과 훈련의 강도는 점점 약해지고, 끝내 목표를 이루지 못한다. 최후의 1도를 눈앞에 두고 99도에서 끓기를 멈춰버린다.

운동이든 공부든 그 무엇이든 좋은 결과를 위해서는 목표를 정한 후에 뒤도 돌아보지 않고 '그냥' 하는 것이 낫다. 그런데 나는 안타깝게도 그냥 하는 게 어렵다. 질문을 계속 던진다. 내가 정한 목표가 비뚤어졌을까 봐 겁나기 때문이다.

절약을 처음 시작했던 2016년, 그때는 확신했다. 아니, 확신을 넘어 맹신했다. 그래서 그냥 절약했다.

'절약은 노력이야. 난 노력해서 모은 돈으로 투자하고, 부자가 될 거야. 부자와 돈은 좋은 거야. 그러니 가능한 빨리 부자가 되어야지. 난 40대에 10억 부자가 되기 위해 노력할 거야.'

기계적으로 돈을 안 썼다. 돈은 안 쓰는 거라던 어떤 연예인의 말에 격한 공감을 하면서 말이다. 내 삶의 모든 시야는 '돈'과 '부자'에 맞춰져 있었다. 지칠 만큼 절약했다. 그러니 오래가지 못했다. 고되고 힘드니까 질문을 시작했다.

'나는 왜 이 짓을 하지? 조산 위기까지 겪으며 악착같이 돈을 벌어야 했나? 나도 남편도 육아휴직하기 좋은 여건인데 왜 큰아이는 어린이집 종일반에 있어야 하지?'

그때의 질문은 절약을 쉬고 싶은 '핑계'였을까, 아니면 더 나은 절약을 위한 '성찰'이었을까. 어쨌든 맹렬하게 달려가던 절약에 제동이 걸렸다.

그동안은 절약의 이유를 광고에서 찾았다. 우리에게 왜 돈이 필요한지 잘 정리해주는 광고를 보면 질문조차 떠오르지 않았다. 그저 '당신이 사는 집이 당신을 설명합니다'라는 광고 옆에서 지금 사는 작은 집은 미래의 큰 집을 위한 일보후퇴 정도로 여겼다. '가혹한 오늘의 절약은 내일의 33평형 신축 아파트로 돌아올 것이다!'라고 생각하며.

하지만 동시에 모순을 느꼈다. 삶 전체가 만족지연으로 가득하다면, 그 삶을 행복하다고 할 수 있을까? 절약이 점점 어렵게만 느껴졌다. 광고의 논리대로 가면 좁지만 저렴한 집에서 아이들과 오붓하게 핫케이크를 구워 먹으며 누리는 기쁨은 절약의 이유가 될 수 없었다.

오로지 절약의 이유를 광고에서 찾았던 나와 달리 책 속에는 절약의 이유들이 넘실댔다. 이들의 절약에는 이유가 있었다. 책을 읽으면 지치지 않고 절약할 수 있었다. 책 속 인물들의 삶은 그 자체로 절약을 촉진했다.

일본의 전前 아사히신문 기자 이나가키 에미코稲垣えみ子는 냉장고도 세탁기도 텔레비전도 없이 산다. 동일본대지진 때 원자력발전소가 폭파되어 방사능이 대량 유출된 이후, 전기 불매

운동을 했기 때문이다.

그녀는 자신의 저서《그리고 생활은 계속된다寂しい生活》에서 고백한다. 냉장고를 없앤 후 한 번 장을 볼 때 500엔을 넘기지 않게 되었으며, 플러그를 뽑았을 뿐인데 삶의 유지비가 줄었다고. 게다가 여가시간도 늘었다. 세탁기를 안 쓰니 옷 가짓수가 줄었다. 몇 벌의 옷을 돌려 입었고 종종 손빨래를 했다. 냉장고가 없어 간소한 반찬을 해 먹으니 조리 시간이 줄었다. 건강해지고 살이 빠졌다. 최신 가전제품은커녕 전기 사용을 줄인 결과 그녀는 퇴사를 할 수 있었다. 사는 데 이렇게 돈이 안 든다는 것을, 최소한의 전기와 소비라면 유급노동 또한 최소화할 수 있다는 것을 깨달은 덕분이다.

아사히신문 기자 곤도 고타로近藤康太郎는 쓰고 싶은 글만 쓰겠다며 '벼농사'를 선언하고 시골로 들어가버렸다. 흰쌀밥만 있으면 어떻게든 되지 않겠냐며 자급자족의 삶을 향해 뛰어들었다. 그 결과《최소한의 밥벌이おいしい資本主義》와 같은 훌륭한 책이 세상에 나왔다.

절약의 이유를 광고판에서 찾을 때는 '왜'라는 질문이 핑계가 되기 일쑤였다. 하지만 책에서 만난 사람들은 달랐다. 이나가키 에미코처럼 원자력발전소에 저항하기 위한 절약, 곤도 고타로처럼 하고 싶은 일을 하기 위한 절약을 보며 인식의 지평이 넓어졌다. 덕분에 '부자가 곧 행복'이란 굳센 믿음 대신, "삶이 아닌 것은 살지 않으려고 했으니, 삶은 그처럼 소중한 것이다"라는 헨리 데이비드 소로Henry David Thoreau의 말을 떠올리며 살게 됐다.

'왜 절약해야 하지?'라는 질문은 절약 효율성을 떨어뜨린다. 하지만 질문이 핑계가 아닌 성찰이 될 수 있도록, 늘 깨어있으려 한다. 철학이 있는 절약가는 위축되지 않는다. 오히려 질문 덕분에 '절약의 이유'를 차분히 정리해서 '나는 의미 있는 삶을 살고 있다'는 자신감이 있다. 만족감과 자존감이 높기에 떳떳하다.

펠프스 선수와 김연아 선수도 질문 끝에 답을 찾았기에, '그냥' 연습할 수 있었던 게 아닐까. 그러니 나도 기계적으로 절약할 수 있을 만큼의 신념을 갖고 싶다. '왜 절약하는 건데?'라는 핑계는 삼간다. 더 나은 절약, 더 나은 삶을 위한 성찰을 하며 살고 싶다.

최소한의 식비를
연습하는
이유

적은 돈으로도
충분히 살 수 있는 능력을 갖추기 위해 연습한다.
우리 삶이 돈에 발목 잡히지 않기 위해.

◇◇◇

나는 2019년 5월 중순부터 하루 식비를 만 원으로 제한하는 실험 중이었다. 그날도 필요한 것은 우유, 탄산수 그리고 벽에 걸 고리뿐이었다. 그런데 남편이 빵을 먹고 싶다고 했다. 자연히 만 원 살림에 제동이 걸렸다. 나는 빵을 사겠다는 남편 앞을 막아섰다.

"만 원 안에 되면 사고, 안 되면 참자."

"왜?"

"디저트는 집에 많으니까. 치즈도, 푸딩도, 과자도 있는데, 빵을 또 살 필요는 없잖아."

티격태격했지만 다행히 벽에 걸 고리가 1,500원이었다. 예상보다 저렴했다. 덕분에 30퍼센트 세일하는 크루아상을 사고도 거스름돈 300원을 남겼다. 운이 좋아 이번에는 9,700원으로 쇼핑을 무탈하게 마쳤다.

하지만 '먹고 싶은 건 사 먹자'라고 말하는 남편과 '딱 예산만큼만 지출해야 한다'고 주장하는 나는 시시때때로 부딪혔다. 우리는 빵뿐만 아니라 고기, 때로는 맥주와 와인, 어떤 날에는 블루베리를 두고 논쟁했다. 절약해야 마음 편하다는 내 고집이 확고한 날에는 남편도 집었던 요거트를 내려놓았다. 하지만 30대 남성의 왕성한 식욕을 꺾을 도리가 없을 때는 지갑을 열었다.

나는 남편 입장에서 빵 한 조각 사 먹을 때도 동의를 구해야 하는, 참으로 불편하고 이해불능의 아내다. 빚을 진 것도 아니고, 생활비가 모자란 것도 아니다. 남편은 고작 빵이 먹고 싶을 뿐인데, 난 왜 이렇게 극단적으로 절약하는 걸까?

남편에게 내세우는 이유는 '절약 훈련'이다. 절약 훈련이란 적은 돈으로도 충분히 살 수 있는 능력을 갖추기 위한 연습이다. 돈 덜 쓰고도 만족스럽게 사는 법을 익혀, 우리 삶이 돈에 발목 잡히지 않으려 노력한다.

그런데 말하지 못한 이유가 하나 더 있다. 이 은밀한 사연은 남들보다 더 나아야 한다는 강박에서 비롯됐다. 나도 먹고 싶을 때 돈 걱정 없이 한우 정도 가볍게 구워 먹는 인생을 바랐다. 그런 욕심이 없기는커녕 오히려 남들보다 더 잘살고 싶어 맹렬하게 달려왔다. 그 시작은 학교였다.

중학생 때부터 성적표에 등수가 함께 나왔다. 몇 명 중 몇 등이란 단순하기 짝이 없는 비교였지만, 경쟁은 공부를 촉진하는 강력한 자극제였다. 공부를 좋아하긴 했지만, 순수한 흥미 이상으로 몰입했다. 앎의 기쁨보다 승리의 기쁨, 때로는 열패감으로 맹렬히 교과서와 문제지를 파고들었다.

중간고사와 기말고사를 거친 후 성적표를 받아들면, 등수는 항상 한 자리 숫자였다. '나는 이겼다!' 하고 자기만족 이상의 희열을 느꼈다. 그 결과 원하던 대학교도 수석 입학하고, 졸업생 대표로 졸업했다. 그런데 그렇게 바라던 '상위 서열'이었건만, 하나도 기쁘지 않았다. 나의 10대 때의 기억은 오로지 책뿐이었고, 20대 청춘 또한 학점의 노예였다. 오랜 기간 준비해서 얻어낸 뉴질랜드 교환학생 기회도, 결국 취업에 유리한 토익 공부를 한다며 포기했다. 진짜 영어 공부를 하기보다 성적표를 위한 공부만 하는, 나는 딱 그만큼의 인간이었다.

남자친구와의 데이트마저 시험과 과제에 집착하며 종종거렸다. 그와 사귄 지 100일, 1000일을 기념하던 날에도 네 시간 동안 열람실 의자에 앉아있었다. '시험기간에 무슨 데이트야? 같이 공부하자'라고 하면서. 단호한 여자친구 옆에서 딱딱한 열람실 의자를 견디지 못한 그는 언제나 전기뱀장어처럼 몸을 뒤틀며 괴로워했다.

높은 성적은 화려해 보이지만, 돌이켜보면 그 세월은 아름답지 않았다. 아무 생각 없이 시간을 죽이는 것보다야 낫겠지만,

그 정도 열정과 의지라면 더 즐거운 도전들을 해볼 법도 했다. 공부하는 기계, 승부욕의 화신. 지기 싫어하는 내 마음은 오직 성적으로만 나를 증명할 수 있다고 믿었던 낮은 자존감의 발현이었다.

황유미 작가의 소설《피구왕 서영》에는 현지와 윤정이 나온다. 현지의 부모님은 모두 의사이며 잘생긴 오빠도 있다. 그리고 54평 아파트인 현지네에서는 여유의 냄새가 난다. 고용된 가사 도우미가 하교한 현지와 친구들에게 갓 구운 과자를 내오고, 아이들은 넓게 둘러앉아 수다를 떤다. 따끈한 과자를 나눠 먹는 중에도 열한 살 아이들 머릿속에 서열이 나뉜다. 겉보기엔 편안해 보이지만 열등감을 불러일으키는 곳이다.

현지네 무리에 있으면 언제나 긴장을 유지한 채 친구관계를 유지해야 한다. 무리에서 박탈당하거나 낙인찍히지 않으려는 노력은 웬만한 범죄 스릴러에서 범인으로부터 도망치는 일보다 더 처절하다. 말 한마디, 눈빛 하나에서 부모님의 직업과 아파트 평수까지. 쉽사리 속을 내놓았다가는 어떤 일을 당할지 모른다. 여긴 정체가 뭐냐. 정글인가. 야박하고 매섭다.

반면 윤정이는 낡은 주택에 산다. 그리고 자기 주관이 강하고 부당한 일에 굽히는 일이 없어 현지네 무리에게 공공연한 따돌림을 당한다. 하지만 주인공 서영이는 윤정이의 집에서 숲의 향기를 맡는다. 여기서는 긴장할 필요가 없다. 더 우월한 사람을 가리지 않으니, 뒤처지지 않으려고 애쓰지 않아도 된다. 자유를 맛본 사람은 자신을 압박하는 질 나쁜 공기를 알아챈다. 서영이는 천천히 현지 무리에서 나와 윤정이 집으로 가서 쉰다.

윤정이의 방은 그녀의 아버지가 헌책방에서 공수한 낡은 책으로 가득하다. 이 공간에서 두 아이는 누가 더 잘사는지 아닌지에 대해 생각할 틈도 없이 책 수다를 떨며 웃는다.

오래된 책에서 나는 나무 냄새 때문인지 윤정의 방에서는 숲의 향기가 났다. 현지네 집에서 맡은 여유의 냄새와는 다른 종류의 좋은 냄새였다. 현지네 집에서 맡은 냄새가 편안하지만 열등감을 자극한다면, 윤정의 방에서 나는 숲의 향기는 어딘가 다른 세상에 온 것 같아 무방비로 마음을 내려놓게 되는 그런 냄새였다.[*]

학교를 졸업했지만, 여전히 비교와 경쟁에 익숙한 학생시절의 시선으로 세상을 바라볼 때가 많다. 나는 차종車種에 해박한 편이다. 여름 휴가철만 되면 내가 살고 있는 강원도 동해시에 외제차들이 물밀듯 넘치는데, 나는 차의 크기와 뒤태만 봐도 외제차 이름을 줄줄 맞힌다. 엔진 구동계에 관심도 없으면서 왜일까? 난 도로 위에서조차 뭐가 더 좋은 차인지 등수를 매기고 있었던 것이다.

아이러니하게도 절약을 위해 살게 된 낡은 집에서 윤정이네 집처럼 숲 향기가 나기 시작했다. 어느 물건 하나 잘난 맛이 없으니 우리 집에 오는 손님들은 긴장하지 않는다. 어느 브랜드 식탁이 좋다느니, 소파 가죽을 만지며 천연이니 인조니 따위를 이야기할 필요가 없다. 나는 절약 이후 처음으로 누군가에게 '이겨야 할 대상'이 아닌 '이완의 대상'이 되었다.

삶에 등수를 매기는 관계에서 스스로 벗어나면서 경쟁심을 줄이고 소탈한 이야기를 마음껏 할 수 있는 밀도 높은 관계들이 하나둘 생겼다. 매주 누가 더 절약했는지를 자랑삼아 이야기할 수 있는 이웃들을 만나면서 편안하게 하고 싶은 이야기를 주고받았다. 집단의 생각, 테두리에서 벗어나지 않기 위해 하고 싶은 말과 행동을 검열할 필요가 없었다. 누군가 새로 산 옷을 자랑하면 예쁘다고 칭찬을 하고, 자기만의 절약 비법을 공개하면 살림 잘 꾸린다며 박수갈채를 보냈다. 평등한 사람, 나를 나로 인정해주는 사람들과 함께라면 어디든 윤정이네 집이 되었다.

화려한 미래를 위해 어쩔 수 없이 시작한 작은 살림이지만 오히려 현재의 삶이 더 나답다는 생각을 한다. 일상 곳곳에서 승패를 가르며 사는 데 지쳤던 탓일까. 나는 소설 속 윤정이가 좋았다. 열등감을 자극하는 여유의 냄새보다 경쟁으로부터 무장해제 되는 숲 향기 나는 사람이 되고 싶었다. 늘 업그레이드 만이 가야 할 방향인 줄 알았으나, 나는 다운사이징을 더 좋아한다는 걸 깨달았다.

4인 가족 하루 식비 만 원. 때때로 치밀어 오르는 승부욕을 '만 원'이란 절제된 환경으로 잠재운다. 언뜻 빵을 먹냐 안 먹냐의 문제처럼 보이지만, 체면치레를 위한 소비를 막을 수 있는 최후 방어선이다.

하루 식비 만 원 도전을 오래 이어가진 못했다. 현재 우리 집 식비는 하루 1만 5,000원이다. 무서운 물가 상승 속도에 맞춰 그리고 남편 속도에 맞춰 무리하지 않으려 한다. 가능한 지갑을 닫고, 몸을 움직이며, 제한된 자원을 최대한 활용하면 1만 5,000원으로도 거뜬히 할만하다. 물론 1만 5,000원도 넉넉한 돈은 아니다. 친정 부모님께서 농사를 지으시고, 아직 아이가 어린 4인 가족이라서 가능한 돈일 수 있다. 이제야 조금씩 숲 향기 나는 사람이 되어가는 것 같은데, 또다시 소비로, 물건으로, 때로는 지위로 스스로를 증명하려 들까 두렵다. 그럴수록 가계부를 쓰고 마음을 정돈하며, 소박한 일상을 기록한다. 아직은 미약한 숲 향기를 잃지 않기 위해.

* 황유미, 《피구왕 서영》, 빌리버튼, 2019년, 71.

요리를 못 할 정도로
피곤한 하루는
피하고 싶습니다

집밥은 삶에 여유가 있는지를 확인해주는 리트머스지다.

외식하고 싶은 날은 어떤 이유에서건 힘든 날이다.

그럴 때는 외식을 할 게 아니다.

외식을 하게 만든 원인을 손봐야 한다.

◇◇◇

마트에서 장을 보다가 홍합을 발견했다. 두툼한 한 팩에 2,000원 남짓하는 부담 없는 가격! 이게 웬 떡이냐며 냉큼 사 왔다. 집에 오자마자 홍합탕부터 끓였다. 끓는 물에 얇게 썬 편마늘, 대파, 맛술, 손질한 홍합 그리고 소금 한 꼬집을 한꺼번에 털어 넣고 블록놀이하던 애들 옆에 털썩 앉았다.

자글자글. 홍합 껍데기가 서로 부딪치며 내는 소리가 제법 듣기 좋았다. 홍합의 맛과 향이 국물에 진하게 녹아드는 소리를 배경음악 삼아 아이들과 놀았다. 착한 가격, 쉬운 조리, 시원한 맛까지. 홍합탕 덕에 저녁 식사 시간 동안 훈기가 돌았다. 아이나 어른이나 맛난 음식을 앞에 두면 말에 날이 안 선다. 예쁘다, 행복하다, 사랑한다, 곱고 부드러운 말을 나누며 간질간질한 시간을 보냈다.

나는 가능한 외식을 삼가고 직접 집밥을 차린다. 그렇다고 요리에 큰 정성을 들이지도 않는다. 재료가 비싸다고, 혹은 조리하는 데 손이 많이 간다고 음식이 맛있어지는 건 아니기 때문이다. 재료값과 노동력이 반드시 음식 맛을 결정하지 않는다. 계란말이에 김이면 어떠하랴. 먹는 사람이 즐겁게 잘 먹으면 최고의 만찬이다. 반찬 가짓수도 많지 않다. 아이들 식판 위에 세 가지 찬을 다 채운 적이 드물다. 그래도 괜찮다. 영양은 충분하니까.

나는 편하게 살고 싶어서, 삶이 돈에 휘둘리지 않기 위해 집밥을 하기로 결심했다. 경제적으로 자립하여 안락하게 살고 싶어 조리대 앞에 섰으니 스트레스를 받지 않으려 애쓴다. 언제나 최선을 다해 게으른 조리를 지향한다. 그러므로 요리는 반드시 쉽게! 대충 한다.

언뜻 듣기에 모순이다. 편하게 살고 싶으면 외식을 해야지 대체 왜 앞치마를 두른다는 말인가. 외식하면 해야 할 집안일이 줄어든다. 장을 안 봐도 되고 재료를 일일이 손질한 후에 굽고 볶고 끓이는 조리 과정도 사라지며 설거지를 안 해도 된다. 그러니 편하게 살기 위해 집밥을 한다는 집밥 예찬은 궤변처럼 들린다.

집밥 예찬의 논리는 간단하다. 집밥 덕분에 다른 노동이 줄었다. 아니, 다른 노동을 줄였다. 집밥을 중심으로 '해야 할 일'과 '하고 싶은 일'을 조절했다. 난 왜 이렇게 밥을 할 수 없을 정도로 힘들까? 가만가만 하루를 점검해보면 힘든 날에는 이유가 있었다. 대부분 아이들과 지나치게 열심히 논 날, 남편이 외부 강의 다녀오느라 독박육아 한 날, 둘째가 낮잠 잘 때 눈이 빠지게 웹툰 본 날 진이 빠졌다.

집밥은 삶에 여유가 있는지를 확인해주는 리트머스지다. 외식하고 싶은 날은 어떤 이유에서건 힘든 날이다. 그럴 때는 외식을 할 게 아니다. 외식을 하게 만든 원인을 손봐야 한다.

육아가 과중했다면 아이들 놀이에서 서서히 발을 뺐다. 엄마가 힘들 정도로 아이들이랑 놀아주다가 끝내 피곤함에 폭발하여 버럭 하느니, 체력을 조절하는 게 나았다. 남편도 잦은 출장과 외부 강의 때문에 자주 녹초가 됐다. 돈을 조금이라도 더 벌어 살림에 보태려 한 것인데, 되려 일을 한 만큼 지쳐서 번 돈이 이곳저곳으로 새어나갔다. 결국 남편은 강의를 서서히 거절하며 줄여갔다. 소박한 밥상으로 돈을 절약해 식비에 드는 돈을 줄이니 돈 버는 일에도 관대해졌다.

밥부터 사치하지 않으면 돈 더 버느라 몸을 혹사할 필요가 없다. 잘사는 데 왕도가 어디 있을까. 많이 일해 많이 벌고 많이 쓰거나, 적당히 일해 적당히 벌고 적게 쓰거나. 우리 부부는 후자를 선택했다.

요리를 할 수 없을 정도로 피곤한 삶은 피하고 싶다. 몸이 지치면, 만사가 귀찮다. 남이 차려주는 밥상이 아니고서야 숨돌릴 재간이 없다. 차라리 계란후라이에 김조차도 차리기 싫은 그런 날의 횟수를 줄이고, 닭곰탕도 뚝딱뚝딱 즐겁게 만들 정도로 힘이 넘치는 나날을 늘이는 게 낫다.

집밥이 익숙해지자 이제 우리 집 식비는 하루 1만 5,000원, 한 달 45만 원이 됐다. 가장 변동이 심했던 식비가 출렁이지 않는 기적이란! 식비가 고정된 이후 안정감을 느꼈다. 월급날 선 저축하기도 쉬웠다. 많은 돈을 쓰지 않아도 집밥으로 꾸준히 잘 차려 먹으니 넉넉한 살림을 사는 기분이다.

식비 예산의 크기만큼 중요한 것은 내가 얼마를 쓰는지 아는 것이다. 내가 내 살림의 규모를 알아야 필요 이상의 지출을 줄이고, 번 돈보다 적게 쓰기도 수월하다. 내 살림 규모를 넘어선 지출은 오히려 삶의 만족감을 떨어뜨린다. 규모에 맞게 살림을 꾸리고, 더 적은 소비를 시작한 이후부터 내 삶이 풍요롭고 행복해졌다.

외식하면 피곤한 하루를 모면할 수는 있다. 하지만 고요한 삶을 살 수 있는 근본적인 방안은 아니다. 편리한 삶을 돈으로 사면 필요한 돈을 벌어야 해서 상황은 악화된다. 그래서 나는 오늘도 집밥을 한다. 내 삶이 오늘도 정돈되었는지 헤아리기 위해.

바닷가 소도시에서
행복한 삶을
설계하는 사람들

우리는 할 수 있는 만큼만 절약했다.

최대한 돈을 아끼는 게 목표가 아니라

과연 얼마만큼의 돈이면 행복할까를

아는 게 목적이었으니까.

◇◇◇

인생의 재미를 맛집 순례에 맡기지 않으려는 사람들이 모였다. 이들은 이웃의 하루 식비가 만 원인지, 1만 5,000원인지가 궁금하다. 일주일 동안 한 푼도 쓰지 않은 날이 몇 번이었는지가 초유의 관심사다. 의류건조기의 신세계를 경험해봤는지 혹은 새로 생긴 초밥집에 가봤는지는 발설 금지! 가장 적게 쓴 사람이 모두의 부러움을 사는 모임. 우리는 일주일에 한 번, '돈 안 쓰는' 이야기를 하러 뭉친, 절약 모임의 구성원들이다.

절약 모임이라고 유별날 이유도 없다. 독서 모임, 재테크 모임, 영어 회화 모임과 마찬가지다. 혼자 노력할 때보다 함께하면 더 오래 실천할 수 있고 더 많은 지식도 나눌 수 있기에 모였을 뿐이다.

'절약 모임'이라 이름 붙이지 않았으나 비슷한 성격의 모임은 이미 여럿이다. 재테크카페를 중심으로 지역별 '부자 습관 모임' '저축 모임' 등이 진행 중이다. 혹은 온라인으로 재테크카페에 실천 인증글을 올리기도 한다. 재테크에 성공한 사람들이 강의를 개설하거나, 소수의 인원만 모아 가계부 다이어트 모임을 꾸리는 경우도 흔하다.

그러나 기존 절약 모임들은 대부분 대도시 이야기였다. 강원도 바닷가 도시에 사는 내 주변에는 절약 모임을 찾을 수 없었다. 인구 9만 명인 동해시가 서울 같은 메가 시티로 바뀌길 언제 기다리겠는가. 스스로를 구제하는 심정으로 절약 모임을 만들고 사람을 모았다.

동해 한 달 절약 모임: 우아하게 절약하기

절약은 불필요한 물건에서 놓여나는 일입니다. 자산도 차곡차곡 쌓여 안정된 미래를 구축하는 건전한 일이기도 합니다. 무엇보다 사람의 얼굴을 마주 볼 수 있는 시간을 되찾는 과정입니다.

'우아한 절약'에 대한 이야기를 나누고, 함께 실천하는 모임을 갖고 싶습니다. 3년 동안 해왔던 실천과 생각을 들려드리고 싶은 마음이 큽니다.

- 모집 인원: 4명

- 모집 기간: 2019년 2월 9일~2월 15일

- 장소: 그녀의 정원 (추후 카페 등으로 바뀔 수 있습니다)

- 진행 방법: 30분 정도 제 이야기를 들려드린 후 30분 동안 서로의 이야기를 나눕니다. 이야기를 나누는 30분 동안 2019년 경제계획을 짜고 구체적인 절약 비법을 정한 후 실천합니다.

- 참가비: 무료

블로그 모집글을 통해 '우아하게 절약하기' 1기 네 명이 모였다. 저마다 사연은 달랐지만 우린 일관되게 단 한 가지가 필요했다. 바로 절약, 돈 덜 쓰는 삶 말이다.

"남편이 힘들게 번 돈을 잘 지켜주고 싶죠. 소비로 행복해지는 데에는 한계를 느꼈어요. 가치 있는 행복들을 찾으면서 푼돈 모아 목돈 만들기 해보고 싶어요."

"전환점이 필요해요."

"설날 이후 지출 관리가 안 돼요. 2019년에는 잘 해내고 싶어요."

"지나치게 늘어난 소비로 절약을 해야겠다고 마음은 먹었지만 구체적인 방법과 의지가 약했어요. 서로 공유하며 좀 더 체계적이고 책임감 있는 절약을 배우고 싶어요."

최소한의 소비로 불편하지 않게 행복한 삶을 설계할 수 있을까? 확신할 수 없지만 할 수 있는 일부터 해보기로 했다. 바로 '식비 줄이기'였다. 우리의 미션은 단 하나, 매일 식비 가계부를 쓰고 일주일에 한 번 공유하기. 그렇게 매주 냉장고 파 먹은 흔적을 들고 왔다.

하루 식비로 얼마가 적당할까? 적당히 아껴서는 식비의 적정선을 알 수 없다. 오히려 충동구매를 부추길 뿐이다. 핑계 없는 무덤 없듯, 이유 없는 충동구매도 없는 법이니까. 그래서 우리는 식비 예산을 '최소한의 금액'으로 잡았다. 최대한 안 써봐야 하루 적정 식비를 가늠할 수 있기 때문이다.

4기까지 이어졌던 절약 모임 멤버 열다섯 명의 하루 식비는 다양한 가족구성원만큼 천차만별이었다. 일주일 식비가 고작 3만 5,000원으로 모두가 우러르던 절약 고수님부터 평일에는 만 원, 주말에는 2만 원을 식비로 삼았던 살림꾼 언니, 하루 만원도 충분하다는 야무진 신혼부부, 식성 좋은 3남매를 거둬 먹이러면 2만 원은 되어야 한다는 멤버까지.

우리는 할 수 있는 만큼만 절약했다. 최대한 돈을 아끼는 게 목표가 아니라 과연 얼마만큼의 돈이면 충분히 행복할까를 아는 게 목적이었으니까. 우아한 삶을 유지할 수 있는 적정 소비를 했다. 절약 고수가 되지 않아도 좋았다. 우린 단 한 가지의 진실을 깨달았고 그 사실만으로 앞으로의 삶을 이끌기에 충분했다. 그 단 한 가지의 진실이란, 삶을 개선하는 데 필요한 적정 지출이 있으며, 꼭 많은 돈이 필요한 것은 아니라는 점이다.

외식 한 번 자유롭지 않은 일상. 그렇게 살면 인생이 재밌냐고 묻는다. 의아하겠지만, 우리는 재밌다. 그저 삶의 재미를 감각적 소비에 맡기지 않기로 했을 뿐이다. 오직 많은 돈을 벌어야 삶이 즐겁다면 월급 오르기를 언제 기다리겠는가. 그렇다고 번 돈 이상으로 신용카드를 긁는다면 미래는 없다.

절약 모임의 한 멤버는 지금 당장 식기세척기를 사기보다 뱃속 둘째 아이 산후조리원비를 카드 빚 없이 마련하는 게 더 즐겁다고 한다. 또 다른 멤버는 여행 좋아하는 식구들을 위해 카라반 캠핑카 살 돈을 모으는 게, 카페의 향긋한 커피 한 잔보다 달콤하단다. 집을 마련하느라 받은 대출금을 방구석 머리카락 치우듯, 차츰 없애나가는 쾌감이 짜릿하다는 멤버도 있다.

나의 경우 절약으로 시간을 샀다. 두 아이를 키우는 우리 부부는 '쉴 수 있는 개인 시간'을 얻기 위해 엄마인 내가 1년 무급 휴직을 택했다. 맞벌이에서 외벌이가 된 만큼 수입이 절반으로 줄었다. 그러나 그만큼 시간을 얻었다. 휴직 기간 동안, 낮에는 집안일을 '대충' 해놓고 쉬었다. 건강할 만큼만 깨끗하게, 행복할 만큼만 더럽게 살았다. 남편이 출근하고 아이들 모두 등원한 아침이면, 나는 고요한 집에서 믹스커피를 마시며 책을 읽었다.

저녁에는 종일 일하고 퇴근한 남편을 집에서 쉬게 했다. 물론 정말 아무 일도 안 할 수는 없었다. 당시에는 아이들이 어려서 기저귀 갈기부터 밥 먹이는 것까지 손이 많이 갔기 때문이다. 그러나 전담자는 낮에 집안일을 대충하고 쉰 나다. 내가 쉰 만큼 남편도 쉬어야 휴직의 맛이 배가 된다.

최소한의 소비를 이어간 덕에, 한 달 생활비는 식비 45만 원을 포함해 90만 원(의류비, 의료비, 잡화비, 교통비, 여가비, 유류비) 정도면 충분했다. 외벌이로도 한 달 살고 돈이 남아 저축했다. 절약 덕분에 휴직할 수 있었고, 일과 삶의 균형을 되찾았다. 절약하지 않았다면 우리는 원하지 않는 맞벌이를 이어나가야 했을 것이다. 가계부로 가족을 구했다.

여기서 끝이 아니다. 배우고 익히는 즐거움까지 자급자족해 보았다. 삶을 삶답게 살기 위해 배움과 성장이 빠질 수는 없었다.

절약 모임 멤버 열한 명이 모여 글쓰기 모임을 시작했다. 이름하여 '작당作黨'. 한자 그대로 풀이하면 지을 작, 무리 당이니 '글을 짓는 무리'란 뜻이면서도, 사전적 의미로는 떼를 지어 다닌다는 말이다. 작은 탁자에 열한 명이 모여 앉아 글쓰기 이야기를 하는 모습을 보면, 우리에게 꼭 맞는 모임 이름이다.

우리는 몹시 어설프다. 먼저 나부터 위태롭다. 매주 파워포인트 자료를 준비해서 두 시간의 모임을 꾸리는데 애석하게도 나는 글쓰기 전문가가 아니다. 감히 멤버들에게 가르칠 형편은 못 된다. 가진 지식을 나눠줄 수 있는 정도다. 강의료를 받는 전문 글쓰기 강사의 발끝에는 당연히 미치지 못한다. 멤버들의 글쓰기 실력을 단번에 향상시켜 줄 리도 없고, 좋은 편집자도 못 된다.

환경도 변변치 못하다. 파워포인트 파일을 담은 5년 된 무거운 노트북을 에코백에 넣어, 모임 장소로 가져간다. 멤버들은 크고 넓은 빔 프로젝터 스크린이 아닌 작은 노트북 화면 하나에 의존해야 한다. 노트북에서 멀리 앉은 멤버들은 고개를 쭉 빼고 볼 수밖에 없다. 아파트의 작은 거실에 좌탁 세 개를 이어

붙이고, 인스턴트커피 포장지를 쭉 뜯어, 커피포트 물을 받아 타 마신다.

모임을 만든 나부터 모임 환경까지, 돈을 내고 듣는 강의만 큼 그럴싸하지 않다. 하지만 흠이 많은 모임이라고는 해도 각 자가 할 수 있는 일을 기꺼이 한 덕분에 모임을 이어간다. 나는 강의 자료를 만들고, 누군가는 쿠키를 구워오고, 누군가는 포도를 씻어 가져오며, 누군가는 현관을 열어주고, 따뜻한 커피를 내어준다.

무엇보다 우리는 강의료를 지불하고 들어야 하는 전문가의 도움 없이도 매주 한 편씩 글을 쓰고, 공유하며, 합평한다. 덕분에 워킹맘으로서, 두 아들의 엄마로서, 결혼을 앞두고서, 후회 없는 노년을 준비하면서, 저마다 놓치고 있던 문제를 선명하게 볼 수 있었다. 비록 문제를 해결하지는 못했지만, 상황을 정면으로 마주 보는 방법을 배웠다. 모두 각자에게 직면한 삶의 문제를 해결하는 도구로 글쓰기를 택했기에 가능한 행복한 일이다.

글쓰기 전문 강사에게 배웠다면 더 나을지도 모른다. 하지만 전문가의 손길이 최선이라 하여 비전문가의 노력이 최악은 아니다. 단지 차선일 뿐이다. 함께 힘을 모으면 차선 즈음은 된다.

소비가 자연스러운 세상에서 "돈 아껴 씁시다!"라고 말하는 건 굉장히 외로운 일이다. 돈 많이 쓰지 말자고 말하는 순간 경제적으로 무능하다는 오해를 받기 때문이다. 그런 낙인 속에서 배달음식이나 외식 대신 꿋꿋하게 프라이팬에 돈가스를 튀기고 있는 내 모습을 보면, '이것은 궁상인가, 합리적 소비인가'를 검열하게 된다.

그러나 함께하면 힘이 세다. 외로운 절약가들이 모여, 서로의 무지출 데이를 축하한다. 모임을 마치고 집으로 가는 길에는 나의 무지출 데이를 늘리고 싶은 욕심이 생기기도 한다. 얼마나 더 소유했는지가 아닌, 건강한 목표를 위해 얼마나 인내할 수 있는가를 놓고 서로를 북돋우는 모임이라 귀하다. 미국의 사회사상가 헨리 조지Henry George가 《진보와 빈곤Progress and Poverty》에서 말했듯, "우리는 서로 같은 별을 함께 바라만 보아도 힘이 나는" 사람들이니까.

나의 삶을
궁상맞다고
말하는 사람들에게

돈 덜 쓰는 일을 자랑처럼 기록한다.

세상이 조금이라도 바뀌기를 바라는

비장한 각오 때문이다.

바로 세 가지 이유에서다.

◇◇◇

돈 덜 쓰는 일을 자랑처럼 기록한다. 아침에 일어나 이불부터 개는 작은 습관조차 사람을 바꾼다는데, 절약을 매일같이 공개적으로 기록하는 삶은 오죽할까. 쓰는 재미로 살던 내가, 덜 쓰는 재미를 기록하니 매일매일 신이 났다.

그런데 돈 쓰는 일을 자랑하긴 쉽지만, 안 쓰는 일을 떠벌리고 다니려면 위험 부담을 져야 했다. 하루 식비가 만 원이든, 1만 5,000원이든, 한 달 생활비가 75만 원이든, 100만 원이든, 절약의 기록에 대한 글에는 날 선 비판과 조롱이 잇달았다. 그들의 반응은 주로 두 가지였다.

'사치'와 '궁상'이란 극과 극의 반응

첫 번째는 '당신의 절약은 사치'라는 거다. 가난한 이들에게 절약은 선택이 아닌 필수이며, 유희가 아닌 고통이라는 지적이었다. 열악한 노동환경에서 일하면서 소득마저 적은 이들을 배려하지 못했다는 생각에 죄책감이 들었다. '노는 듯 절약하니 박탈감을 느낀다'는 푸념을 듣고서야 정신을 퍼뜩 차렸다.

《시사IN》 변진경 기자가 쓴 《청년 흙밥 보고서》에서 묘사한 청년들의 흙밥은 충격적이다. 라면에 케첩을 발라 먹고, 폐기 처분 삼각김밥을 냉동실에 여러 개 얼려뒀다가 며칠에 걸쳐 하나씩 꺼내 먹는다. 햇반 하나로 세 끼를 쌈장에 비벼 먹고, 물만 마시며 굶는 일도 허다했다.

그들에게 집밥은 언감생심이다. 집밥을 하려면 주방을 갖춘 집과 식재료를 관리할 시간, 체력이 필요한데, 대부분의 청년에게는 이마저도 부족했다. 젊어서는 돌도 씹어 먹는다지만, 그 말은 틀렸다. 젊음과 건강만 믿고 물에 다시마만 우려먹었더니, 20대들은 만성질환자가 되었다.

이런 상황에서 하루 식비 1만 5,000원을 가지고 소박한 밥상을 차린다고 자처하는 내가 부끄러웠다. 1만 5,000원을 검소하다 말하기에 누군가에게는 큰돈이었기 때문이다. 그들의 기준으로 볼 때 절약을 선택할 수 있다는 사실부터 박탈감을 느꼈으리라. 내가 하는 절약은 유희나 다름없었다.

두 번째는 '당신의 절약은 궁상'이라는 거다. 빵 한 조각, 요거트 한 팩조차 망설이다 못 사는 삶을 지켜보자니 답답하다고 말했다. 돈으로 행복을 살 수 있다면 늦기 전에 요령껏 소비하면서 즐거움을 느끼라며 혀를 찼다.

결국 얼마를 쓰든, 궁상과 사치라는 극과 극의 조롱을 들었다. 재밌어서 시작했지만, 글을 쓸 때마다 머릿속에는 재판이 열렸다. 나의 이야기는 궁상일까 사치일까? 판결 없는 재판은 흐지부지 끝나기 일쑤였고, 한동안 《오마이뉴스》에 〈최소한의 소비〉 연재를 이어갈 용기마저 쭈그러들었다.

그렇지만 쓰고 싶었다. 세상이 조금이라도 바뀌기를 바라는 비장한 각오 때문이다. 바로 세 가지 이유에서다.

첫 번째 : 덜 쓰는 삶의 명랑함

적은 돈으로 살아가는 게 불편할 수는 있지만 부끄러워해서는 안 된다. 그런데 우리는 왜 주눅부터 드는 걸까? 소비 절제를 주저하게 하는 발원지는 '오직 소비가 행복이다'라는 편견이다. 나는 그 철옹성 같은 생각을 깨고 싶었다.

대중이 접하는 미디어는 대부분 '쓰는 삶'을 추켜세운다. 기업의 자본으로 움직이는 탓이다. 멀쩡히 작동하는 유선청소기를 두고 무선청소기로 업그레이드해야, 시대에 뒤떨어지지 않으며 가사 노동을 줄일 줄 아는 쿨한 사람이 된다고 말한다. 미디어에서 행복의 주된 척도는 무엇을 얼마나 가졌는지다.

편리한 물건을 누리는 사람을 비난하려는 게 아니다. 많이 가진 삶만이 행복한 것처럼 그리는 편파적인 미디어에 돌을 던지고 싶을 뿐이다. 절약은 고행이 아니다. 다만 그렇게 그려질 뿐이다. 그래서 절약가들의 목소리가 필요하다.

서울대학교 행복연구센터장인 최인철 교수는 《굿 라이프》에서 행복의 두 가지 프레임을 제시한다. 바로 '비교 프레임'과 '경험과 관계 프레임'이다.

비교 프레임은 남들보다 더 좋은 물건, 혹은 더 나은 외모를 가짐으로써 우월감과 행복을 느끼는 프레임이다. 비교 프레임을 가지면 경제적 능력과 행복은 하나다. 분리할 수 없다. 다른 사람보다 우위를 점하려면 물건이나 경험에 돈을 더 들여야 하기 때문이다. 돈이 많아야 행복해질 수 있는 프레임이다.

이 프레임이 위험한 이유는 불행과 빈곤을 동시에 거머쥐게 되기 때문이다. 남보다 더 우위에 있어야 행복한데 언제나 나보다 더 부자가 있고, 더 미인이 있어 행복하기 너무 어렵다. 남보다 더 나은 미래를 위해 현재를 보내게 된다. 노력하는 만큼 성장하기도 하기에 성취감을 얻을 수 있을지 모르겠으나 있는 그대로의 나에 만족할 수가 없다. 누구를 만나느냐에 따라 얄팍한 승리감에 잠시 도취되다가도, 다시 깊고 우울한 열패감에 빠지고 만다. 기쁠 틈이 적다.

비교 프레임이 위험한 두 번째 이유는 가정경제의 건전성을 무너뜨리기 때문이다. 소수의 자산가는 괜찮겠지만, 보통 사람은 남보다 조금 더 나은 삶을 살려면 빚도 지고 현금도 몽땅 쓸 수밖에 없다. 비교할 수 있는 것은 대개 물건과 외모다. 여기에는 대개 비싼 값을 치러야 한다. 사람들은 열패감에서 빠져나오기 위해, 혹은 우월감을 느끼기 위해 소비한다. 소비하면 돈이 없고, 돈이 없으니 빚을 더 진다. 좋아하지도 않는 사람들의 눈에 들기 위해 거금을 치러야 할까?

반면 경험과 관계 프레임은 배우고 사랑하고 나누고 협동하며 새로운 것을 경험하는 데서 삶의 만족을 느끼는 프레임이다. 경제적 능력과 행복이 분리된다. 이 프레임을 가진 사람은 부자일 수도 있고, 형편이 넉넉하지 못할 수도 있다. 하지만 사랑하는 사람과 바닷가를 거니는 데는 돈이 들지 않는다. 비교

할 수도 없다.

물론 괌 리조트의 프라이빗 비치를 걸었는지, 강원도 동해안 해변을 걸었는지, 혹은 집 앞 강변 산책로를 걸었는지를 비교하는 이들도 있을 수 있다. 어느 장소에 얼마만큼의 비용과 시간을 들여 다녀왔는지 우열을 가리며 우쭐해지는 사람이 있는 것이다. 이건 진정한 경험과 관계 프레임이라 할 수 없다.

두 번째: 소비를 덜 해야 지구가 산다

우리가 물건 하나를 산다는 건, 쓰레기가 하나 늘어나는 일이며 판매된 부족분을 메우기 위해 하나를 더 생산해야 한다는 말과도 같다. 그런데 물건의 생산과 유통, 보존과 폐기 과정 모두 탄소를 배출한다. 그러므로 가장 친환경적인 행동은 재활용을 잘하는 게 아니라, 사지 않는 일이다. 소비하지 않아야 생산하지 않는다.

우리는 미세먼지를 두려워하면서도, 욕망을 줄이는 데 소극적이다. 불필요한 물건을 사지 않는 일이야말로 최악의 미세먼지와 기후변화를 막을 근본 대책이다.

혹자는 "소비하지 않으면 경기가 죽는다"라고 말한다. 괜한 걱정이다. 절약 때문에 경제가 망할 거란 생각은 망상이다. 시장은 소비자 목소리에 가장 예민하다. 튼튼한 물건 하나를 오래 쓰는 소비자가 늘어나면, 시장도 재빠르게 움직인다. 우리가 기후위기와 쓰레기 팬데믹 걱정에 소비를 망설인다면, 분명 기업들은 온갖 친환경 제품을 내놓을 것이다. 아이의 천기저귀를 대신 세탁해주는 서비스라든가, 대형 중고의류 브랜드가 나올지 누가 알겠는가. 무엇보다 물건들을 수차례 생산해야 비로소 경제가 돌아간다면, 이 경제 시스템의 수혜자는 누구일까? 아마 쉽게 사고 쉽게 버리느라 통장 잔고가 줄어든 소비자는 아닐 것이다. 이런 경제를 두고 과연 올바르다 할 수 있을까?

세 번째: 돈에 덜 의존하는 행복을 꿈꾼다

돈으로 교환할 수 있는 물건과 서비스의 가치를 폄훼하는 게 아니다. 돈 한 푼 안 쓰고 다이어트에 성공하겠다며 하루에 몇 시간씩 걸으며 살을 빼는 것은 시간과 노력에 비해 비효율적이다. 체지방이 아닌 근육만 빠지거나 잘못된 걷기 자세로 관절 등에 손상이 올 수 있다. 이런 경우 정확한 자세로 운동하는 법을 배워 살을 빼는 것이 효율적이다. 전문가가 수년, 수십 년 쌓아올린 경력은 돈으로 교환해야 마땅한 고급 노동력이다.

내가 경계하는 것은 돈에만 의존하는 자세다. 오직 돈에만 의존하면, 돈 없이는 무능해진다. 직접 할 줄 아는 게 줄어들고, 소비로만 유지되는 삶은 우리를 점점 쓸모없게 만든다. 자본주의 사회에서는 돈을 벌지 못하면 살 수 없을 거란 공포가 만연하다.

YOLO가 한창 유행인 적이 있었다. You Only Live Once의 첫 글자를 딴 말로, 한 번뿐인 삶을 소중히 대하자는 의미다. 하지만 YOLO는 오염됐다. 인생은 한 번뿐이라 했지, '나는 곧 죽는다'라고 하지 않았다. 그럼에도 소비자들이 당장 내일 죽을 사람들처럼 행동하도록 마케팅에 차용됐다. 소비자들은 YOLO를 왜곡해서 과소비를 합리화하고 마음 편히 충동구매했다. '금방 죽을지도 모르는 인생, 오늘 거하게 써버리자!' 하고.

진정한 YOLO의 전제는 '나는 백 살까지 산다'다. 허황된 이야기가 아니라, 의료 강국 대한민국에서 사는 한국인들 수명 곡선에서 나타나는 엄연한 현실이다. 한 번뿐인 소중한 내 인생, 이 좋은 삶 오래오래 건강하고 경제적으로도 안정적으로 살아야 하지 않을까.

그래서 가장 적은 돈으로 삶을 건실하게 꾸릴 수 있는 방법을 찾는 중이다. 백 살까지 커피 한 잔에 책 한 권 읽으며 살려면, 할 줄 아는 일들을 늘리고, 좋아하는 사람들을 챙기며, 얼마간의 저축도 해야 한다. 이건 소비로 얻을 수 있는 게 아니라, 돈을 덜 써야 얻는 것들이다.

돈 쓰면 좋은 일들이 분명 많지만, 나는 그게 '의존'으로 이어질까 봐 두렵다. 어느 날 돈이 떨어지면, 삶이 곤두박질칠 것이 무섭다. 그래서 삶의 행복이 돈에 좌우되지 않도록 검소하게 산다. 물론 나 역시 돈 쓰는 재미를 왜 모르겠는가. 다만 안 써도 재미있는 일을 꾸밀 수 있는 능력자가 되고 싶은 것이다.

나는 1등 절약가는 아니다. 하루 식비 5,000원으로 생활하는 블로거와 일주일 식비가 3만 5,000원인 절약 모임 멤버를 부러워하고 존경하는 절약 연습생이다.

절약을 가장 잘해서 쓰는 글이 아니라, 덜 쓰는 사람들이 용기를 내길 바라서 쓴다. 절약가들이 위축되지 않고 당당하길 바란다. 누군가에게는 궁상이고, 또 누군가에게는 이런 절약마저 사치일 수 있지만, 좋은 경험은 나눠야 한다. 그래야 '소비=행복'이란 어처구니없는 공식이 무너지지 않을까? 그리고 점점 뜨거워지고 매캐해지는 지구의 숨통도 트이길 기대한다.

주식이
정말
불로소득일까?

게으르고 싶어서 절약한다.

노동은 직장에서 충분하므로.

목돈을 모으고 싶지만 일상은 해치고 싶지 않다.

◇◇◇

코스피 지수가 3000을 넘었다. 사실 나는 코스피 지수가 3000이 넘기 전까지 코스피가 뭔지도 몰랐다. 솔직히 지금도 잘 모른다. 그저 '코스피 3000'이 바야흐로 주식으로 돈을 벌수 있는 확률이 커졌음을 의미한다는 것을 어렴풋이 알 뿐이다. 주식은 부지런히 공부하고 알아야만 투자에 성공할 수 있는데, 여유로운 시간과 일상의 순간을 소중히 여기는 나로서는 주식의 시세창 앞에서 어지럽기만 하다. 이 혼란을 이겨내고 적응할 수 있으면 좋겠지만, 나는 주식 앞에 여전히 멍청하고 느릴 뿐이다.

재테크에 편견은 없다. 다만 주식이 노동 없이 거저 얻는 대가(불로소득)라고 말하는 데는 동의할 수 없다. 주식은 내가 상상하는 노동 중 몹시 극한 노동에 가깝다. "아침 아홉 시만 되면 화장실로 달려가는" 한국 동학개미들에 대해 외신들도 주목할 정도라고 하는데, 이렇게 퇴근 후에도 공부해야 하고, 밥먹다가도 주식 어플에 들어가야 하는 일상을 과연 힘들지 않다고 말할 수 있을까.

주식은 그 어떤 노동보다 극한 노동이다. 적어도 나한테는 그렇다. 나는 주식의 극한 노동이 벌써부터 두려워서, 섣불리 뛰어들지 못했다. 주식이란 공부하고, 분석하고, 신경이 곤두설 수 밖에 없는 육체노동과 감정노동이 공존하는 세계다. 주식의 문턱이 마냥 높게 느껴지는 나로서는, 어렵게 주식을 공부해서 노력하는 분들의 성공을 빌어주는 수 밖에 없다. 이 어려운 걸 해내시는 분들에게 합당한 보상이 돌아가기를!

코스피 지수가 3000을 뚫은 날, 나는 '더 열심히 일(주식 노동)하지 않은 것'에 대해 솔직히 조금 후회했다. 하지만 일하지 않았으니 열매도 없다. 주식을 멀리한 대가로 더 많은 부를 얻지 못했다. 할 수 없다. 직장에서 퇴근하면 그 어떤 '유급노동'도 하지 않고, 놀면서 살겠다는 건 내 결심이었으니까.

덕분에 누군가가 주식 현황을 보며 잠 못 이룰 때, 나는 마이클 샌델Michael Sandel의《공정하다는 착각Tyranny of Merit》을 읽거나, 조너선 사프란 포어Jonathan Safran Foer의《우리가 날씨다We Are the Weather》를 읽으며 유유히 세계를 넓혔다. 이렇게 편하게 살아놓고 후회하면 반칙이다.

게으르고 싶어서 절약한다. 절약은 공부할 것도 하나 없는 예측 가능한 세계다. 돈을 안 쓰면 모이고, 쓰면 없어지는 덧셈과 뺄셈이 정확한 영역. 그래서 나는 절약이 좋다. 머리 쓰지 않아도 되고, 속도감도 없으니, 사람이 느긋해진다. 덕분에 워런 버핏Warren Buffett의 투자 원칙을 나도 지켰다. 투자의 제1원칙, 잃지 않는 것. 투자의 제2원칙, 제1원칙을 잊지 않는 것이라고 했으니까.

절약은 잃지 않는 게임이다. 대박은 안 났지만, 망할 일도 없다. 차곡차곡 자산을 쌓을 수 있을뿐더러, 느긋하고 기분 좋게 잘 살아왔으니, 이 정도면 나의 절약도 제 몫을 하는 셈이다. 나의 평화는 절약으로 지킨다. 노동은 직장에서 충분하므로. 아마도 그게 내가 추구하는 절약인 것 같다. 목돈은 모으고 싶지만 일상은 해치고 싶지 않다.

제가 잡혀 사는 것은
아닙니다만

사업하는 사람들은 숫자가 말을 한다는 표현을 잘 쓴다. 이러쿵저러쿵 번다한 설명보다 숫자로 표시된 성과나 매출이 사업의 흥망을 더 명쾌하게 나타낼 수 있다는 뜻이리라. 나도 가끔 숫자라는 필터로 현상을 해석할 때가 있다. 숫자는 이따금 진실을 극명히 보여주는 역할을 한다.

어느 날의 회식 자리였다.

"내가 술 한잔을 맘 편히 못 마셔."

당시 신세 한탄 중인 A는 담배를 피우고 있었다. 그는 애연가이자 애주가이며, 골프 마니아다. 예전에 스크린골프 치다 내기에 져서 맥주 한잔하고 들어갔는데 아내가 바가지를 긁더라며 볼멘소리를 했다.

"하, 총각 시절이 그리워. 내 돈 내가 벌어 뭘 하든 누가 잔소리하나. 그때가 리즈 시절이었지."

넋두리도 어쩌다 한두 번이면 '그래, 결혼생활이 항상 좋을 수만은 없겠지' 하고 고개를 끄덕이겠지만, A는 빈도가 좀 잦았다. 이번에도 지난번 레퍼토리와 별다를 바 없었다. 이런 대화는 무척 고통스럽다. 분위기상 이야기를 들어주는 척했지만, 실은 다른 계산을 하느라 머리를 굴렸다. 나는 A의 타들어가는 담배에 집중했다. '한 갑 4,500원, 한 갑에 스무 개비니 한 개비가 225원이네. 꽤 비싼걸.'

A 손가락 사이에 끼워진 담배가 숫자 덩어리로 보였다. 내가 알기로 A 부부는 계좌를 따로 관리했다. 또 집 대출 상환금과 공동 생활비를 제외하고 남은 금액은 모조리 개인 용도로 사용했다.

'흠, 그럼 결코 부족하지 않은 금액을 사적으로 운용할 수 있을 텐데 얼마나 더 필요한 거지.' 나는 그런 생각을 떨칠 수 없었다. 월 15만 원의 용돈을 받는 나는 A의 리즈 시절에 대해 생각해보았다. 지금도 충분히 자유롭게 쓰는 것 같지만, 이보다 더 큰 자유를 원한다고 하니 아마도 그의 총각 시절은 통장 잔고를 0원으로 만드는 일에 몰두한 나날이지 않았을까. A에게 나의 용돈 액수를 고백하면 아주 한심한 놈 취급을 받을지도 모른다. 마누라에게 잡혀 사는 공처가라면서.

사실 A가 아니더라도 용돈 관련 화제가 나오면 안타까움과 의문이 섞인 반응이 상대방에게서 돌아오는 경우가 잦다.

"그거 가지고 사회생활이 되냐? 취미는?"

도저히 믿을 수 없다는 표정이다. 말문이 막혀 눈만 크게 뜨기도 한다. 노골적으로 혀를 차며 동정하거나 깔보는 사람도 있다. 안사람에게 기가 눌려 대학생보다도 못한 용돈을 타 쓰는 사내라는 게 동정의 근거다. 아내도 똑같이 15만 원을 받는다고 아무리 말해도 들은 척도 안 하지만. 뼈 빠지게 일해서 가족한테 다 바치면 나중에 후회하니 자신을 위해 투자하라고 위로하듯 다독이기도 한다. 어느 쪽이 되었건 나를 불쌍히 여기는 마음은 같다.

한 달 용돈 15만 원인 남자를 향한 깔봄은 내가 문화생활도 안 하고 개인적인 시간도 누리지 못하는 워커홀릭이라고 오인하는 데에서 온다. 결론부터 말하면 둘 다 틀렸다. 나는 소박하게 살아가는 데 즐거움과 자부심을 느낀다. 또 현실적으로는 용돈 외에 다른 수입원이 있으므로 돈이 부족한 상태는 거의 없다. 이런 나의 상황을 일일이 설명할 수는 없으니 종종 오해에 시달린다. 하루는 친구 B가 심각한 얼굴로 물었다.

"용돈 15만 원의 삶에 만족하니?"

"응. 살아져."

"나도 장가가려면 돈 모아야 하는데, 도저히 월 15만 원으로는 살 자신이 없어. 비결이 있냐?"

"내가 좋아하는 건 돈이 별로 들지 않더라고."

꾸며낸 말이 아니다. 나의 취미는 음악 감상, 독서, 글쓰기, 목욕, 게임이다. 독서와 글쓰기는 거의 돈이 들지 않는다. 도서관이 있고, 책을 사본다고 해도 한 달에 다섯 권 미만이라 소액에 불과하다. 목욕은 집에 있는 욕조를 사용하고, 게임은 플레이 타임이 긴 웰메이드 타이틀을 세일 시즌에 구입하는 편이다. 두 달에 5만 원 정도면 게임비는 충분하다. 음악 감상은 스트리밍 서비스를 이용하고, 헤드폰이 주력 음향기기다. 40만 원 후반대의 헤드폰으로 4년째 만족스러운 시간을 보내고 있다. 내 말을 주의 깊게 듣던 B가 고개를 절레절레 저었다.

"나는 그런 방식으로 행복할 수 없어. 영화는 영화관에서 봐야 재밌고, 모바일 게임에 현질(현금 결제)도 해야 하고. 옷도 사야 하는데, 어떻게 15만 원으로 되냐고."

"부수입이 약간 있긴 해."

B는 그럼 그렇지 하는 표정으로 어이없이 웃는다. 카지노 룰렛 기계의 불법 조작 장치라도 발견한 양 적개심 가득한 얼굴이다.

"글 써서 원고료도 조금 받고, 운 좋으면 상금도 들어오니까. 뭐 썩 나쁘지는 않지."

B의 얼굴은 더욱 어두워진다.

"그럼 돈 드는 취미 가진 사람은 어떻게 하라고. 영화는 당연히 영화관 아닌가. 게임은 현질해야 할 맛이 나고."

나는 뭐라 위로를 건네야 할지 망설였다. 잔인하게도 또 숫자를 굴렸기 때문이다. 왜 영화는 꼭 영화관에서 봐야 할까. 신작을 고집하지 않는다면 좋은 작품 리스트를 확보해두었다가 천천히 봐도 괜찮다. 어차피 쏟아지는 영화들을 모두 챙겨 볼 순 없으니 나중에 느긋한 시기에 챙겨보는 것도 좋다(영화 가격이 저렴해지니 용돈도 절약할 수 있고).

모바일 게임도 마찬가지다. (어디까지나 나의 취향이지만) 차라리 AAA급의 콘솔 게임(비디오 게임)을 하면 어떨까. 최근 모바일 게임은 현질 유도가 심하다. 특히 모바일 게임의 추가 결제 시스템은 확률형 뽑기와 연계된 것이 많아 충동형 결제를 조장한다. 직장인 게이머의 경우 몇 백만, 몇 천만 단위도 우습게 돈을 쓴다.

성인의 취미생활을 두고 이래라저래라 간섭하는 건 나도 사절이지만, 15만 원 라이프의 비결을 굳이 물어보니 자꾸 치사하게 숫자로, 돈으로 환산하게 된다. B는 결혼 자금을 얼마나 모았을까. 최근 B와 통화를 했다. 결혼 자금 현황을 직접적으로 물어보지는 못했지만, 요즘 집값이 미쳤다면서 놀라는 그의 목소리를 생생히 들었다. 그러나 얼마 지나지 않아 집값은 더 미쳐버렸고, 주식과 가상화폐의 광기가 세상을 휩쓸고 있다. B는 기존의 라이프 스타일을 버리지 않고서는 돈을 모을 수 없을 것이다. 부디 B가 평안을 누리길 바란다.

2.

필요가

피로가

되지 않게

있어야 할 것,
없어도
괜찮더라고요

나는 화장을 좋아하지 않는다.

그래서 화장대를 갖춰야 할 필요가 없었다.

'없는 것보다 있는 게 낫다'라는 말에 삐딱하게 반문해본다.

돈과 물건에 대해 질문을 던지고 불편해하고

예민해져야 한다.

◇◇◇

"탁! 덜그럭. 탁!"

둘째 녀석의 소리다. 또 화장대 서랍에 장난감을 넣는 중인가 보다. 처음에는 아이가 서랍으로 장난칠 때마다 부침개를 뒤집는 중에도 안방으로 달려갔다. 서랍을 세게 닫다가 손가락이라도 다칠까 봐 걱정했기 때문이다.

그러나 바로 달려가는 모성애도 한두 번이다. 수시로 서랍에 달려드니 매번 아이의 안위를 돌보기 어려웠다. 묘안을 짜냈다. 아이 안전을 위해 테이프로 서랍을 통째 발랐다. 번뜩이는 투명 테이프 덕분에 둘째 아이는 서랍에 흥미를 잃었다.

드디어 화장대를 신경 쓰지 않아도 되는가 싶었다. 하지만 다음에는 큰아이 차례였다. 아이는 서랍을 고정하려고 붙여놓은 테이프를 볼 때마다 떼버리기 일쑤였다. 스티커 떼듯, 테이프를 손톱으로 살살 긁어 쭉 뜯어낼 때마다 재밌다고 까르륵댔다.

화장대의 진짜 주인인 내가 거울을 보는 시간은 고작 아침 5분. 두 개구쟁이가 한뜻으로 화장대를 습격하는 시간은 예측 불가. 화장대가 점점 눈에 거슬렸다. 결국 파우치에 스킨, 로션, 선크림, 팩트, 아이섀도와 립스틱을 담았다. 그리고 화장실 수납장 한 켠에 놓았다. 화장실에서 화장하기로 결심한 것이다.

찾아보니 화장실의 사전적 의미도 '화장'하는 방이었다. 변소의 정체가 화장방이었다니, 신선한 반전에 즐거워하며 매일 아침 화장실에서 화장을 한다. 그리고 화장대를 중고로 과감하게 팔았다. 단돈 만 원에.

그동안 하루 겨우 5분 앉으면서도 화장대를 고집했다. 신혼살림 장만할 때 화장대는 으레 있어야 하는 가구로 생각했기 때문이다. 무엇보다 여자로서 자신의 정체성을 지켜내야만 한다는 사명감이 있었다. 없는 살림에 텔레비전도 포기했고, 장롱도 안 샀으면서 화장대만큼은 지켜냈다. 나의 정체성이 과연 아름다움에 있는지 아닌지에 대한 깊은 고민도 없이 말이다.

화장이 여성성의 상징이라는 데 별생각이 없었다. '엄마도 여자'라는 말을 흔하게 들었기 때문이다. 여자는 예뻐야 한다는 무언의 압력이 이상한 줄도 몰랐다. 여자다움이야말로 출산 후에도 잃지 말아야 할 자존심이라 여겼다. '나=엄마=여자=아름다움=화장'이란 생각이 틀렸다는 게 아니다. 귀동냥으로 들어온 타인의 생각을 의심 없이 자신에게 들이댄 게 문제였다.

화장에도 선택권이 있는 줄 더 빨리 알면 좋았을 텐데. 화장대를 산 돈이 너무 아깝다. 아, 내 돈.

나에게 화장대는 수십만 원짜리 사치품에 불과했다. 화장하는 시간도 짧고, 화장품 개수도 여섯 개 남짓이다. "엄마도 여자잖아요"라는 말에 더 이상 설레지도 않는다. 이제는 아름답게 살기보단 나답게 살고 싶다. 그렇다. 나는 화장을 좋아하지 않는다. 그래서 화장대를 갖춰야 할 필요가 없었다.

화장대를 만 원에 팔아버린 건, 단순히 덩치 큰 거울 수납장을 버린 것 이상의 결심이었다. 그리고 앞으로 어떤 물건을 살 때 신중하고 싶다는 표현이었다. 유행에 맞춰, 스트레스를 쇼핑으로 풀려고, 남들 다 있으니까, 신제품이라는 이유로 깊은 고민을 하지 않은 채 구매하지 않겠다는 다짐이었다.

'없는 것보다 있는 게 낫다'라는 말에 삐딱하게 반문한다. 때로는 없는 게, 혹은 적은 게 나을 때도 있다. 우리가 사는buy 물건이 우리가 어떻게 사는live지를 보여준다. 화장대를 샀다면 나는 화장에 공을 들이겠다는 것이다. 반면 화장대를 버렸다면, 꾸밈에 들이는 시간에 다른 일을 하겠다는 의지다.

물건을 갖고 있으면 가진 물건대로 살게 된다. 그런데 남들이 갖고 있으니까 따라 샀다면, 나도 모르는 사이 남들의 생각대로 살게 된다. 남들처럼 사는 것이 나쁘다는 뜻은 아니지만, 적어도 나의 의지대로 살고 싶은 사람은 물건을 살 때도 자신이 진짜 원하는 것을 사야 한다.

나에게 화장대가 그러했듯, 많은 사람에게 화장대 같은 물건들이 있을 것이다. 뭘 더 갖춰야 할지를 고민하기보다 있는 물건 중에 버릴 것은 없는지부터 둘러보자. 내가 좋아하지 않는데 갖고 있는 물건이 있다면? 버리자. 물건의 상태가 좋다면 중고로 팔거나 필요한 사람에게 나눌 수도 있다. 가진 물건을 없애다 보면 다음 물건을 살 때 '뭘 사지'가 아니라 '뭘 사지 않을지'를 고민하게 된다.

이를 위해서는 돈과 물건에 대해 질문을 던지고 불편해하고 쓸데없이 예민해져야 한다. 요즘 말로 프로 불편러(매사에 불편함을 그대로 드러내 주위 사람의 공감을 얻으려는 사람을 이르는 말)가 돼야 한다. 덕분에 오랜 시간 가져왔던 편견을 들여다본다. 화장대 같은 것이 더 없는지 살피고 제거한다. 사랑하는 것들로만 가득한 집이야말로, 자기 자신을 들여다보기 위해 애쓴 집주인에게 주어지는 달콤한 열매가 아닐까.

나에게
진짜 필요한
행복이란

옷 한 벌 더 산다고 좋아지지도 않았다.

옷이 많아도 입을 옷이 없다는 기적은 유효했다.

결국 입는 옷만 입었기 때문이다.

◇◇◇

남편과의 결혼은 순조로웠으나, 그렇다고 쉽지도 않았다. 우리는 어렸고, 어린 만큼 모은 돈이 적었다. 양가 부모님에게 의존해서는 안 됐다. 그렇다고 예단 같은 결혼식 의례를 간소화할 배짱도 당시에는 없었다. 남들 같은 결혼식을 치렀고, 결국 신혼살림은 남들과 같을 수가 없었다. 하나를 얻으면 하나를 잃어야 했다.

월세 4만 원짜리 신혼집은 전용면적 14평인 작은 복도식 임대아파트였다. 다행히 강원도 바닷가 도시에 신혼집을 얻어 월세가 저렴했다. 작고 낡고 싼 곳에 터를 잡은 덕분에 돈을 많이 아낄 수 있었다.

집세만 작고 귀여운 게 아니었다. 작고 귀여운 것들이 끊임없이 향연을 이어갔는데 그중에서도 생활비가 가장 작고 귀여웠다. 한 달 식비는 60만 원으로 정해 썼고, 때로는 일주일 동안 돈 한 푼 안 쓰는 무지출 살림에도 도전했다. 불필요한 물건도 허투루 처분하지 않고 중고로 팔아 현금화하거나 하다못해 식빵 한 봉지로 바꿨다. 식재료를 살뜰하게 소진하기 위해 냉장고를 파 먹으며 살았다. 자투리 적금도 했다. 카페 안 간 날은 3,000원, 외식 안 한 날에는 5,000원을 적금 통장에 넣어 돈을 모았다.

처음부터 잘하진 못했다. 저축하고도 돈이 남으면 마음껏 썼다. 필요해서 쓴 게 아니라 '이만큼 아끼고도 남았구나' 하는 마음에 돈이 있으니 썼다. 그러다가 어느샌가 늘 생활비를 염두에 두며 소비하는 게 귀찮아졌다. 격하게 피곤했다.

'아껴서 모아봤자 10만 원 더 저축하는 것뿐인데.'

10만 원만 덜 저축하면 살던 대로 살 수 있었다. 고작 10만 원이었다. 외식도 하고 쇼핑도 하면서 조금 더 쓰고 편하게 살자는 마음이 자주 일었다. 맞다. 당연한 말이다. 조금 더 써서 편하게 살 수 있다면, 지갑을 열어야 한다. 지금도 그렇게 생각한다. 소비가 만족스럽다면 지출을 아끼지 말아야 한다.

그러나 조금 더 쓴다고 해서 편해지지는 않았다. 키즈카페에 가면 아이들은 좋아했지만, 가서 먹게 되는 온갖 과자와 젤리 때문에 집에 올 때 내 마음은 죄책감으로 무거웠다. 아이들 손발에서 줄줄 나오는 땟국물을 보면서 '나 편해지자고 데려갔구나' 싶었다. 키즈카페도 줄일 수 있으면 줄여야 했다.

특히 식비에 들이는 돈이야말로 충동구매의 향연이었다. 한 달 식비 60만 원으로 정해놓은 게 민망할 정도로 일단 썼다. 예산은 있으나마나였다. '오늘은 더우니까 땀 흘리지 말고 시켜 먹어야 해' 하며 치킨 한 마리에 2만 2,000원 주고 사 먹었다. 60만 원으로 한 달을 사려면 하루에 2만 원만 써야 한다는 걸 모를 리 없었다. 알지만 의식하지 않았다. 체크카드를 죽 긁었다. 내일 덜 쓰면 된다고 합리화했다. 막상 다음 날이 되면 절약을 그다음 날로 또 미뤘지만. 하루 한 끼, 일주일에 다섯 끼 이상을 외식했을 때 몸은 편했다. 그런데 면역력이 떨어지는 게 눈에 띄었고, 속도 더부룩했다. 결코 편하지 않았다. 옷 한 벌 더 산다고 좋아지지도 않았다. 옷이 많아도 입을 옷이 없다는 그 기적은 유효했다. 짐만 될 뿐이었다. 결국 입는 옷만 입었기 때문이다.

아무리 아껴도 10만 원 더 늘어날 뿐이라 생각했다. 하지만 10만 원을 더 모으려면, 소비 체질을 바꿔야 했다. 평생 큰돈 없이도 생활할 수 있는 체질이 되어야 한다는 뜻이다. 그러기 위해서는 욕망을 당장 풀어버리기보다 잠시 멈추는 연습을 해야 했다. 그 과정에서 가장 어려운 점은 외식이든 키즈카페든 이게 진짜 필요한 건지 아닌지 구분하는 것이었다. 소비의 기준은 늘 '필요'였다.

지출은 언제나 정당했다. 외식을 결심했을 때는 집밥하는 수고를 줄이기 위해, 키즈카페를 결심했을 때는 육아의 고단함을 덜기 위해 진짜 필요하다고 생각했다. 나는 소비에 정당한 이유를 잘도 찾아냈다. 필요한 만큼 쓰다 보니 늘 예산을 초과하거나 아껴 썼다 싶은 달에도 예산에 딱 맞게 썼다. 예산을 초과할 때면 속이 쓰렸지만 어쩔 수 없다고 생각했다. 필요하니까 사야 했다. 그뿐이었다.

하루 식비를 1만 5,000원으로 정하고 식비 가계부를 쓰기 시작하자 지출에 대한 인식이 확 달라졌다. 한 달이 지나 가계부를 정리할 때면 시험 결과를 확인하는 심정이었다. 후회하거나 안도하거나, 늘 둘 중 하나였다. 가계부를 쓰기 전까지는 내가 후회할지, 안도할지도 몰랐다. 예산만 세워뒀지 예산과 비례해 얼마나 썼는지를 전혀 기록하지 않았다. 살림을 하면서도 살림에 깜깜했는데, 늘 머릿속에 하루치 식비 숫자가 둥둥 떠다니는 건 엄청난 변화였다. 무엇보다 크게 달라진 건 '필요'에 대한 생각이었다.

옷은 유행에 맞춰 사는 게 아니라 린넨 바지의 옆선이 투두둑 다 터졌을 때 샀다. 마음에 드는 원목 티슈 케이스를 발견할 때는 '이걸 갖게 되면 정말 만족스러울까?' 하고 열 번은 자문

했다. 결국 주문하지 않았지만. 더우면 에어컨부터 틀기보다 일단 샤워부터 한 뒤 선풍기 날개를 닦아 바람을 쐬었다. 그래도 더우면 당연히 틀었지만. 단순히 끼니를 때우기 위한 외식을 줄였고, 호기심에 이것저것 사들이는 일을 줄였다. 욕망을 부정하는 것도 아니고, 일시 정지하는 습관만으로도 절약이 됐다.

본격적으로 봉투에 하루 식비만 넣어 사용하기로 한 첫날, 마트에 장을 보러 갔다. 팽이버섯 세 봉지, 느타리버섯 두 봉지, 총알새송이버섯 한 봉지를 장바구니에 담았다. 합치니 5,000원 정도였다. 남은 돈은 만 원 정도. 역시 고기가 빠질 수 없다. 만 원 안에서 고기를 사기로 했다. 돼지 목살을 들었다. 늘 사던 거였다. 대신 식비 1만 5,000원을 살짝 초과해야 했다. 그렇지만 난 목살이 '필요'했다. 돼지 앞다리살이나 뒷다리살도 쫄깃한 맛이 다르지 않음을 알지만, 목살만의 고유한 후광이 있다.

목살을 냉큼 집으려던 중 가격 행사 중인 돼지 앞다리살이 눈에 들어왔다. 조금 더 저렴한 데다가 목살보다 양도 두 배. 하루 예산 1만 5,000원 안에서 해결할 수 있었다. 1만 5,000원의 힘은 생각보다 강력했다. 아무렇지 않게 목살을 내려놓고, 돼지 앞다리살을 장바구니에 담았다. 그날 된장을 진하게 풀고, 통마늘과 생강을 과감하게 털어 넣어 보드라운 수육을 해 먹었다. 온 가족이 맛있게 먹었다. 목살의 필요가 '진짜 필요'는 아니었음을 깨닫게 해준 사건이다.

돼지 앞다리살 사건뿐이랴. 봉투 살림을 시작하면서 진짜 필요에 대한 선택지와 자주 마주했다. 자연스럽게 카페 발걸음이 줄었다. 아늑한 카페에서 커피를 마시면 기분 좋다. 그렇지만 매일 카페에서 커피를 마실 필요는 없다. 카페 커피로 행복해질 수 있기에 필요하다고 생각했지만 카페도 매일 가면 이벤트가 아니라 일상이 된다. 안 가는 날은 허전할 뿐이다. 이제는 주말 나들이로 카페에 간다. 집 근처 바닷가 카페에서 커피 한 잔을 주문해 텀블러에 담고, 아이들은 카페 앞 해변에서 모래놀이를 한다. 이런 날, 바닷가 카페는 온 가족이 저마다의 즐거움을 누리는 아지트가 된다. 그게 진짜 내게 '필요'한 행복이었다.

식비 가계부를 쓰지 않았다면 여전히 진짜 필요와 가짜 필요를 구분하지 못했을 것이다. 샀을 때의 만족감이 오래가지 않는다는 사실을 알면서도 충동구매를 일삼았을 거다. 이제는 충동구매를 줄여 차곡차곡 저축한다. 이게 진짜 재밌다. 물건 사는 것보다 더 재밌다.

고작 10만 원을 더 저축하려고 했던 일이다. 푼돈을 모으려는 노력이 삶을 바꿨다. 행복해지는 소비와 독이 되는 소비를 구분할 줄 알게 됐다. 옷보다 책을 사고, 외식보다 집밥을 하고, 키즈카페보다 공원과 도서관으로 아이들을 데려간다. 꿈꾸던 우아한 삶을 절약 덕분에 시작할 수 있었다. 돈 걱정도 줄었다. 미래에 대한 통제권이 우리 손아귀에 들어왔다. '세상에 돈이 전부는 아니지'라며 시작조차 안 했다면, 여전히 미래를 불안해했을 것이다.

절약은 실패해도 별일 없다. 절대 손해 보지 않는 시도다. 처음이 힘들 뿐 반드시 한 걸음 더 나아져 있을 것이다.

돈이
모이는 사람은
심플하게 씁니다

여윳돈이 생긴다 해도
뭘 살까 고민하지 않는다.
필요한 것들은 한 달 예산 안에
모두 들어있으니까.

◈◈◈

나에게는 어릴 때부터 경제 감각이 유난히 성숙했던 동생이 있다. 동생은 중학생 때부터 로버트 기요사키Robert Kiyosaki의 〈부자 아빠 가난한 아빠Rich Dad Poor Dad〉 시리즈를 소장하고 여러 번 정독할 정도였다. 수학 문제집만 파고들던 나와 달리 책장에 경제경영 분야의 내로라하는 책들을 빼곡하게 채웠다. 나보다 동생이 먼저 어른이 된 것만 같았다. 한 푼도 귀하게 여기라는 이론서의 흔한 조언들도 착실하게 따랐기에 길가의 공병 하나 허투루 지나치지 않고 마트에 가져다주고 보증금을 받아 저축했다. 동생은 떡잎부터 남달랐고 역시나 어른이 되어서 우리 집 전속 재무상담사가 됐다.

동생이 없었으면, 혹은 동생이 딱 나를 닮았다면? 나는 결혼을 못 했을지도 모른다. 돈을 못 모았을 게 뻔하다. 대학 시절, 동생은 통장에 돈이 있으면 있는 대로 써버리는 누나를 간파해버렸다. 충동구매를 할 때조차 그럴싸한 이유를 잘 찾아내며 죄책감도 없이 탕진하는 누나가 얼마나 위태로워 보였을까. 누나를 이대로 두다가는 망하겠다 싶었던 모양이다. 그는 내 첫 월급날, 재무 계획을 함께 세워줬다.

"간단해. 월급의 50퍼센트. 매달 90만 원은 저축해야 해. 모자라면 아끼고. 안 그러면 망한다."

결혼하고 싶을 때 결혼할 수 있었던 것은 동생 덕분이다. '저축하고 남은 돈으로 소비한다'는 간단한 규칙이지만 성실히 따르니 돈이 잘 모였다. 나는 무사히 돈을 모았다. 모은 돈으로 예식장 예약도 하고, 화사한 웨딩 사진도 남겼다. 새 보금자리도 생겼고, 신혼여행도 갈 수 있었다. 별다른 재테크 기교가 아닌데도, 선저축 후지출을 하면서 결혼이라는 큰 산을 무탈하게 넘었다.

결혼 자금을 모았던 감각은 지금도 남아있다. 하지만 조금 달라졌다. 지금은 '쓸 돈 빼고 남는 돈을 모조리 저축'하며 살고 있다. 저축하는 게 목적이 아니라 불필요한 소비를 줄이는 게 목적이다. 결과적으로는 월급의 50퍼센트보다 더 많은 돈을 저축하고 있다. 내가 원하는 곳에 필요한 만큼만 소비하면 여윳돈이 생겨도 돈을 쓰지 않는다.

"제1조 1항. 안 쓸 돈, 적금 통장으로 모조리 밀어 넣기!"

쓸 돈은 식비 하루 1만 5,000원, 식비를 제외한 의료비, 의류비, 교통비, 유류비 등의 생활비 하루 1만 5,000원이다. 그리고 남편과 내가 각각 받는 한 달 용돈 15만 원과 고정 지출(관리비, 교육비, 가스비, 교육비, 보험비, 인터넷비와 통신비, 정수기 렌탈료, 양가 용돈, 가족 곗돈, 급식비, 직장 특별회비) 110만 원이 네 식구 살아가는 데 진짜 필요한 돈이다. 여기에는 먹고 입는 데 필요한 돈만이 아니라 읽고 싶은 책을 사고, 기분전환용으로 꽃을 사고, 가끔 커피 한 잔씩 사 마실 수 있는 돈이 포함되어 있다. 이러한 적당한 호사까지 미리 계산하고 남은 돈이 '안 쓸 돈'이다. 이 돈은 모두 통장으로 밀어 넣는다.

여윳돈이 생긴다 해도 뭘 살까 고민하지 않는다. 수당이나 성과금 등을 더 받는다고 해서 쇼핑할 이유도 없다. 진짜로 필요한 것들은 한 달 예산 안에 모두 들어있으니까. 출장비가 조금 더 들어온다고 해서 갑작스레 무쇠 프라이팬이 사고 싶어진다면 그건 '가짜 필요'다. 돈으로 살 수 있는 약간의 행복마저 예산으로 잡아두었으니, 나머지 행복은 돈으로 살 수 없는 것들로 채우면 된다. 덕분에 저축을 안 하는 달이 없다. 푼돈이라도 매달 자산이 덧셈이다. 마음도 넉넉하다.

넉넉해진 마음으로 삶 곳곳에 숨어있는 소소한 즐거움을 찾아내고 있다. 산책길에서 우연히 새로운 공원을 발견하는 기쁨, 마음껏 책을 읽다가 책이 지겨워질 즈음 글을 쓰는 행복……. 욕망의 방향을 전환했을 뿐인데도 경제적 풍요가 뒤따랐다. 덕분에 때 묻은 소비 습관을 정갈히 하며 산다. 예산 외 모든 돈을 적금 통장에 밀어 넣으니 불필요한 물건을 살 수 있는 여지가 없다. 동생이 월급의 50퍼센트를 기계적으로 선저축하는 절약의 기본을 가르쳐준 덕분이다. 돈이 필요한 곳으로만 흐르면 저축은 쉽다.

누가 나를
쓸모없게
만드는가

전문가 의존도를 낮추니 자존감이 높아졌다.

할 줄 아는 일이 늘어나면서

'나도 어쩌면 괜찮은 사람일지도 몰라' 하는

수줍은 기쁨이 솟았다.

◇◇◇

'오늘은 애들이랑 어디 가지?'라는 질문으로 시작하는 토요일 아침. 강아지만 나타나도 꺅꺅거리는 동물 애호가 둘째를 위해 동물농장으로 갈까? 아니면 초미세먼지 수치도 높은데 맑은 공기 마실 수 있는 두타산 천은사로 갈까? 거리는 집에서 차를 타고 20분 정도로 비슷하다.

아이들은 울타리 안에서 얌전히 먹이를 받아먹는 귀여운 아기 양을 훨씬 좋아할 게 분명하다. 그렇지만 한 번 가면 써야 할 돈이 만만치 않다. 동물농장에 가면 입장료에 사료, 놀이기구까지, 못 해도 3~4만 원이 쑥 나간다. 게다가 아이들은 실컷 뛰놀 수 있는 산책도 무진장 좋아한다. 결국 동물농장의 '동'자도 입 밖에 내지 않고(말을 꺼내면 동물농장으로 가자고 할 게 뻔하므로) 킥보드와 유모차를 실어 산으로 출발했다.

천은사까지 오르는 산책길에 킥보드도 타고, 계곡물에 낙엽도 한참 흘려보냈다. 250년 된 느티나무와 하늘을 찌르는 낙엽송 아래에서 시간이 멈춘 듯한 고요함을 만끽했다. 낙엽을 공중으로 던져 흩뿌리는 낙엽비 놀이, 돌탑 쌓기, 계곡물에 도토리 던지기, 천은사 경내 걷기까지. 푹신하게 젖은 낙엽 사이로 상쾌한 흙냄새가 올라왔다.

"엄마, 내일 또 와요."

아이는 활짝 웃으며 절 산책을 즐겼다. 마음의 짐이 사라졌다. 아이가 동물을 좋아하는 걸 알면서도 천은사를 선택해서 내심 미안했기 때문이다. 돈을 지불하고서라도 동물농장, 직업체험장, 로봇박물관 등으로 아이 시간을 채워주면, 왠지 부모 노릇을 제대로 하고 있는 것 같아 마음이 편했다. 반대로 지갑을 꾹 닫아버리는 경우, 두 딸을 부족하게 키우는 건가 싶어 죄책감이 피어올랐다.

이토록 아름다운 두타산 자락 고요한 절에 '돈 안 드는 천은사'라는 접두어를 붙인 속마음은 무엇일까? 전문가가 세심하게 짜놓은 프로그램을 따르는 게 더 좋다는 맹목적 소비의식이 우리 마음과 지갑을 허전하게 한다. 남들만큼 잘 키우려면 콘텐츠를 소비해야 한다는 강박 때문에 천은사가 고유하게 갖고 있는 본질을 들여다볼 여유를 점점 잃어간다.

아이를 잘 키우기 위해 지갑을 열어야 할지, 닫아야 할지 고민하는 순간은 비단 주말 나들이뿐만 아니다. 아파트 단지 입구에서 심심치 않게 마주치는 영유아 학습지 권유를 받을 때도

'돈 쓰는 부모가 아이를 잘 기른다'는 주장과 맞닥뜨린다.

큰아이 손을 잡고 다니면, 학습지 선생님이 "꼬마야, 하나 고르럼" 하며 색색이 장난감 자동차를 들이민다. 미처 말릴 틈도 없이 큼직한 자동차를 집어들면, 꼼짝없이 학습지 권유를 들을 수밖에 없다.

"아이는 몇 살인가요? 발달 단계 검사를 받아보세요. 저희 학습지는 맞춤형이기 때문에 뒤처지는 부분을 집중적으로 가르쳐드립니다."

"다른 아이들은 다 하고 있어요. 지금 시작해도 늦어요."

"부모님들은 바쁘니까 아무래도 아이들을 체계적으로 교육하긴 힘들어요. 전문가 도움을 받으세요. 아동수당을 이런 데 쓰셔야죠."

좀 더 생각해보겠다며, 아이가 집은 장난감을 슬쩍 올려놓고 얼른 빠져나온다. 한 달 4만 5,000원짜리 한글놀이 프로그램을 거절함으로써 전문가의 손길을 덜 받게 될 우리 딸은 과연 뒤처지게 될까?

영유아 학습지뿐만 아니다.

돈가스를 사 먹을 사람이 될 것인가, 튀길 줄 아는 사람이 될 것인가. 예전에는 이런 질문을 하지 않았다. 과거에는 내가 돈가스를 요리할 수 있다고 생각하지 않았다. 돈가스를 직접 튀긴다고? 말도 안 된다. 돈가스란 식당 사장님께서 튀겨주는 게 당연하다. 돈가스쯤이야 돈 벌어서 사 먹으면 그만인 음식이다. 맛있는 돈가스를 먹고 싶을 때 먹는 게 돈 버는 이유 아니겠는가.

하지만 돈가스에서 시작된 소비는 꼬리에 꼬리를 물고 이어졌다. 오감 발달을 위해 오감놀이센터에서 부직포로 된 허수아비 옷을 입었다. 차라리 가을 들판에 나가면 더 훌륭한 경험을 했을 텐데. 유행에 발맞춘 브랜드 옷과 작고 반짝이는 액세서리들을 보며 웃었다. 집 앞 들꽃으로 환해지는 내 마음은 들여다보지도 않은 채. 나는 삶의 대부분을 외주화했다. 먹거리에서 아이 양육, 더 나아가 행복까지 돈에 의존하게 된 것이다.

편하기는 편했다. 내가 해야 할 일을 돈이 대신해줬으니까 말이다. 편리함에 도취되어 돈가스를 직접 튀기는 선택지를 생각할 겨를이 없었다. 낯선 이의 노동을 돈 주고 사고, 사고, 또 사면 그만일 줄 알았다. 나는 그렇게 평생 벌고, 쓰면 될 줄 알았다. 무슨 문제가 있을까. 무탈하겠지.

하지만 탈이 났다. 돈가스 사 먹으려면 돈이 있어야 하는데 더 이상 내 통장에 급여가 찍히지 않았다. 육아휴직 때문이다. 돈가스를 실컷 사 먹을 때는 아이를 낳기 전이었다. 그래서 아이를 낳아도 나는 여전히 출근하고 식당에서 우아하게 돈가스를 썰어 먹을 수 있을 줄 알았다.

평탄할 줄 알았던 삶이건만, 충분히 예상할 수 있던 변수가 툭 떨어졌다. 태어날 때부터 그랬던 것처럼 의심 없이 매달 급여가 찍히던 내 통장이, 어느 순간 텅 비어버렸다. 육아휴직을 시작했고, 또 연장했기 때문이다. 육아휴직 첫 1년 동안은 월급의 반의 반이라도 받았는데, 육아휴직을 연장하니 그마저도 받을 수 없었다. 일시적이라고는 하나 우리는 외벌이가 되었다.

한쪽 소득이 숭덩 토막 나서야 질문했다. 돈가스를 사 먹을 사람이 될 것인가, 튀길 줄 아는 사람이 될 것인가. 조금이라도 저축을 하려면 돈가스를 직접 튀겨야 했다. 돈으로 바꾸던 일을 직접 할 줄 알아야 은행에 빚지지 않았다.

의외로 돈가스를 튀기는 건 어렵지 않았다. 심지어 정육점에서 방금 떼온 고기로 갓 튀겨내니 맛있었다. 비루한 실력이지만 내 힘만으로도 낯선 이의 노동을 메울 수 있음을 깨달았다.

상품 의존도를 낮추는 길은 시장이 절대적으로 지배하는 이 시대의 막을 내리는 길이다. 사회적으로 절제의 윤리를 키워 인간이 스스로 행동하고 이를 통해 필요를 만족시키는 시대를 여는 길이다.[*]

《누가 나를 쓸모없게 만드는가The Right To Useful Unemployment》
의 저자 이반 일리치Ivan Illich는 제안한다. 상품 의존도를 낮추
고, 스스로 행동하여 만족을 구하라! 전문가의 도움을 받을 수
도 있겠지만, 지나치게 의존해서는 안 된다.

큰딸을 위해 이른 사교육 대신 홈스쿨링을 시작했다. 찬물에
커피 알갱이를 녹여 '가나다'를 붓질하게 했고, 장미 꽃잎을 짓
이겨 말간 꽃물로 '라마바'를 쓰게 했다. 수족구에 걸려 입안이
헐어버린 아이들에게 죽을 사주지 않고 직접 쑤어 먹였다. 전
복죽, 닭죽, 팥죽……, 죽집 아니면 안 될 줄 알았는데 드디어
나도 웬만한 죽을 척척 만들 수 있게 됐다.

전문가만큼 훌륭하진 않지만, 커피를 내리고, 잼을 만들고,
집밥을 만들고, 아이 교육을 할 수 있게 됐다. 전문가 의존도를
낮추니 자존감이 높아졌다. 할 줄 아는 일이 늘어나면서 '나도
어쩌면 괜찮은 사람일지도 몰라' 하는 수줍은 기쁨이 솟았다.

다시 워킹맘이 되었으나, 옛날처럼 많이 벌어 많이 쓰는 알
고리즘으로 삶을 영위하지 않는다. 직접 할 수 있는 일들을 늘
리는 중이다. 부모님 밭의 이랑 하나를 빌려 쑥갓, 상추, 오이,
고추, 콩, 양배추 등을 심고, 면생리대와 면마스크, 아이들 여름
내복 정도는 손빨래를 한다. 건조기 말고 빨래 건조대에 빨래

를 넣고, 비루한 실력이나마 수세미를 직접 떠서 쓴다.

지구에 부담을 주지 않으며 산다는 위안도 얻었다. 쉽게 사고 버리는 편리한 일상은 지구에 흔적을 남긴다. 기후위기와 미세먼지, 이제는 코로나 바이러스까지. 인류가 홍역을 치를 때마다 화석연료 사용과 쓰레기를 줄여야겠다고 다짐한다. 결국 절약과 일맥상통한다. 자본주의 사회에서 돈을 덜 쓴다는 건, 탄소 배출 절감과 연결된다. 사지 않는 일이야말로 가장 완벽한 '사전' 분리수거다.

전문가에게 길들여진 탓에, 돈을 써야 아이를 제대로 키운다고 생각했다. 필요하다면 전문가의 도움을 받아야겠지만, 일단은 부모 스스로 해보지 않고 덥석 맡기지 않는다. 천천히 우리 손으로 아이를 길러보자. 누가 부모를 쓸모없게 만드는가. 아니, 누가 '돈 안 쓰는' 부모를 쓸모없게 만드는가. 전문가 사회가 공고해지는 과정에서 지갑 닫고 두 손과 두 다리를 건강하게 움직이는 부모들의 쓸모가 언젠가 빛을 발하게 되기를 바란다.

---

* 이반 일리치, 허택 옮김, 《누가 나를 쓸모없게 만드는가》, 느린걸음, 2014년, 41.

장난감은
놀이가
될 수 없습니다

장난감에 의존하는 건 아이가 아니었다.
바로 '나'였다.
장난감이 없어도 아이들은 잘 놀았지만,
나는 육아에 자신 없었다.

◇◇◇

큰딸은 14개월 즈음 핑크퐁에 입문했다. 세상 물정 모르는 돌쟁이가 "아기 상어 뚜루루 뚜루~" 노랫말만 들어도 울음을 뚝 그쳤다. 아마도 핑크퐁 유튜브 시리즈를 보여줌으로써 육아의 고단함을 달랬던 나와 남편 덕분(?)일 것이다.

그해 크리스마스, 자연스럽게 아이에게 줄 선물을 핑크퐁 장난감으로 낙점했다. 요즘이야 핑크퐁 장난감이 흔하지만, 2016년에는 그렇지 않았다. 마트에는 물론이고, 포털 검색창에 핑크퐁을 쳐도 인터넷 상점에서 파는 스티커 책 몇 권이 전부였다. 포기하면 그만인데, 기어이 핑크퐁 전용 스토어를 찾아냈다. 유레카! 노래하는 인형, 그림자놀이 빔, 목욕 가운. 온갖 상품들이 줄을 지었다.

결국 가방, 사운드 인형, 캐럴 사운드북, 색칠 공부까지 장바구니에 쓸어 담았다. 핑크퐁 사운드 인형도 사고 싶었지만 품절이었다. 당시 핑크퐁 사운드 인형은 중고로도 구하기 힘든 '육아 꿀템'이었다. 나 같은 부모가 한둘은 아니었는지 금방 동이 나 버렸다. 그렇다고 포기할 수는 없었다. 재입고 정보를 기어이 얻었다. 재입고 예정일 아침 아홉 시, 상품 알림이 울리자마자 바로 주문에 성공했다.

"짜잔! 핑크퐁 인형이야. 너무 좋지? 손바닥을 마주하면 켜져. 자, 어서 눌러봐."

아이 눈이 휘둥그레지며 좋아서 환하게 웃었다. 바라던 모습이었다. 그렇게 아이는 하루에도 수십 분 핑크퐁 장난감들을 갖고 놀았다.

간소한 삶을 살기 위해 노력하던 즈음이었지만, 장난감만큼은 포기할 수 없었다. 장난감이 많으면 많을수록 아이가 혼자 잘 놀았기 때문이다. 거실에는 늘 아이 장난감이 주욱 늘어져 있었다. 아이는 장난감 사이에서 혼자만의 세계를 구축해갔다.

장난감이 많은 게 문제가 되리라곤 상상도 못 했다. 아이가 혼자 노는 건 당연한 거고, 오히려 다 큰 어른이 놀아주는 건 부자연스럽다고 생각했다. 심심함을 견디면서 생각의 힘이 자라나고 문제해결력이 높아지며, 더 나아가서는 창의력이 좋아질 거라고 기대했다.

문제는 엉뚱한 데서 발생했다. 아이가 혼자 놀도록 장난감을 잔뜩 산 게 원인이었다. 이병용 PD는 책《장난감을 버려라 아이의 인생이 달라진다》를 통해 '장난감 중독'을 경고했다. "장난감은 놀이의 매개체로 존재할 뿐, 그것이 자체적인 의미를 형성하는 것은 아니다"라고.

아이들은 본래 혼자 놀지 않는다. 지루한 시간을 견딜 자칭 완벽하다고 말하는 장난감들이 친구 자리를 대신해주는 것뿐이다. 장난감이 많을수록, 장난감의 기능이 화려하고 다양할수록 아이는 혼자 잘 논다. 그렇게 아이는 혼자 잘 노는 '순한' 아이로 만들어진다. 그러나 장난감에 의존해서 혼자 노는 거라면 그건 순한 아이가 아닐 수 있다. 장난감 없이 놀 수 없다면, '장난감 중독'을 의심해야 한다.

아이와 다니던 키즈카페를 떠올렸다. 그곳에는 50평 정도의 공간에 수많은 장난감이 끝도 없이 펼쳐져 있다. 그런데 이상했다. 또래 친구도 많고 장난감도 수북한데 아이가 또래와 함께 장난감으로 노는 경우는 드물었다. 그저 드넓은 공간에서 마음에 드는 장난감 몇 가지를 갖고 노는 게 전부였다. 지겨워지면 또 다른 장난감으로 놀면 그만이었다. 가끔 또래와 서로 이야기하는 순간이 있기도 했다. 남이 놀던 장난감을 뺏거나, 갖고 놀던 것을 뺏기지 않으려 할 때뿐이었다.

키즈카페에는 수많은 아이가 모인다. 하지만 아이들은 '함께' 어울려 놀지 않는다. 놀이터에서는 다르다. 함께 어울려 논다. 생판 모르던 아이든, 나이가 많고 적든 개의치 않고 술래잡기를 하거나 흙을 판다. 키즈카페와 몸으로 부딪쳐 노는 놀이터를 나란히 떠올리면 장난감은 재밌는 자극을 줄 뿐, 건전한 놀이 그 자체는 아님을 알 수 있다.

이병용 PD는 어린이집에서 만 4~5세 아동들을 대상으로 놀이 형태를 조사했다. 조사 결과 아이들은 이미 '어울려 놀기'보다 '각자 장난감으로 놀기'에 익숙해져 있었다. '혼자 놀기'를 하지 않는 아이, 즉 어울려 놀기를 선호하는 아이는 103명 중 단 한 명밖에 없었다.

유치원에서 의도적으로 장난감을 없앴다. 아이들은 처음에는 당황했지만, "넓으니 더 좋다"라고 외치며 교실을 뛰어다녔다. 평소 잘 나가지 않던 유치원 정원에서 개미를 관찰하기도 했다.

선생님들도 장난감 없는 자리를 대신하기 위해 뒷산으로 산책을 갔다. 아이들은 산에서 주워온 나뭇가지와 폐타이어를 교실로 갖고 와 멋진 터널을 만들었다. 장난감을 대신해 친구와 놀고, 선생님과 산책했으며, 버려진 물건들로 새로운 놀잇감을 만들었다.

이미 유럽에서는 어린이집, 유치원에 장난감을 없애는 중이다. 독일의 유치원 페스탈로치프뢰벨하우스에는 장난감이 없다. 대신 아이들은 빈 공간에 종이박스를 모아 성을 쌓거나, 천을 걸쳐 탐험기지로 만든다. 심지어 손 축구 게임도 스스로 만든다고 하니, 장난감 없어도 아이들은 기가 막히게 잘 논다.

스웨덴이나 덴마크 등 북유럽에서는 숲유치원이 활성화되어 있다. 말 그대로 '숲'유치원이다. 아이들은 비가 오나 눈이 오나, 추우나 더우나 숲에서 논다. 대신 날씨에 맞게 옷을 잘 갖춰 입는다. 돌부리에 걸려 넘어지고 무릎이 까지기도 하지만 개의치 않는다. 잘 다쳐본 아이가 다음에 다치지 않음을 부모 역시 알고 있기 때문이다.

아이들은 혼자 놀지 않는다. 사람과 함께 노는 걸 가장 좋아한다. 장난감은 오직 함께 노는 데 쓰이는 도구, 그 이상 그 이하도 아니다. 그러니 장난감을 잔뜩 사준다고, 아이는 행복하지 않다. 물건을 소유함으로써 갖는 쾌감은 택배박스를 뜯는 그 순간일 뿐이란 거, 우리는 이미 알고 있지 않은가. 아이들도 우리와 다를 바 없다.

그래서 나는 '혼자 놀 줄 아는 아이가 순하다'는 생각을 접었다. 이병용 PD의 책을 통해 배운 가장 확실한 사실 하나는, 아이는 사람과 어울려 놀 때 가장 즐거워한다는 점이다. 그 사람은 부모일 수도, 또래 친구일 수도, 형제자매일 수도 있다.

서서히 아이와 노는 방법을 바꿨다. 전에도 아이들과 놀 때 적당한 호응을 해주긴 했지만, 그건 내 의지가 아니었다. "엄마, 놀아요" 하며, 손을 잡아끄는 탓에 꾸역꾸역 놀았을 뿐이다. 아이 놀이에 어른은 필요 없다는 기존 관념 때문이었다. 이제 생각을 바꿨다. 애들은 원래 누군가와 함께 노는 존재다.

아이와 함께 운동장으로 가면 예전에는 운동장 주변을 산책하거나 아이 흙장난을 지켜봤다.

"우리 달리기 시합하자."

이제는 같이 할 수 있는 놀이를 먼저 제안한다. 핑크퐁 장난감 꾸러미를 사다 바칠 때보다 아이 눈은 더 반짝인다. 철봉까지 뛰는 단순하기 그지없는 놀이지만, 아이는 아쿠아리움에서 춤추는 펭귄을 볼 때보다 더 좋아한다. 우리는 그렇게 다섯 번, 50미터 달리기를 한다. 숨이 턱까지 차오르는 아이 모습에서 건강한 생명력이 꽃핀다.

"장난감은 놀이 그 자체가 아닌 매개체일 뿐."

운동장 말고 집에서도 이 말을 실천하고 싶어, 장난감 없는 거실을 만들었다. 아이가 잘 찾지 않는 장난감들은 따로 모아 큰 가방에 넣고 잘 안 보이는 구석으로 치웠다. 아이가 사라진 장난감을 찾을 때 꺼내주기로 마음먹었지만, 한 달 후에도 찾지 않아 필요한 사람에게 나누는 일이 많았다.

장난감은 죄가 없다. 놀이 매개체로 훌륭한 도구이기도 하니, 굳이 없앨 필요는 없다. 다만 놀이의 중심은 '장난감'이 아니라, '관계'가 되어야 한다.

오히려 장난감은 아이들 놀이의 매개체로서 훌륭한 소재다. (…) 문제는 누구와 함께 장난감을 가지고 노느냐는 것이다. 또한 어디서 가지고 노느냐는 것이며, 어떻게 가지고 노느냐 하는 것이다. 교우관계, 창의력, 지능발달, 상상력 (…) 어른들이 아이들에게 장난감을 쥐어주며 아이들에게 가르치고 싶었던 것들은 오히려 아이들이 장난감을 버리고 누군가의 손을 잡았을 때 얻을 수 있는 것이다.[*]

한결 넓어진 거실에는 놀이매트와 책장만 있다. 장난감 수납함으로 썼던 거실 책장은 이제 우리 부부가 읽고 싶은 책으로 채워져 있다. 고백하건대, 장난감에 의존하는 건 아이가 아니었다. 바로 '나'였다. 장난감이 없어도 아이들은 잘 놀았지만, 나는 육아에 자신 없었다. 이제 장난감에 대한 태도를 바꾸려 한다.

산책하기, 집안일 거들기, 같이 장난감을 이용하여 놀기, 로션 바르며 간질이기 등 서로 살을 맞대며 함께하는 따뜻한 가족이 되기 위해 돈 주고 산 물건을 치웠다. 줄이고 버리고 간소화하면 아무것도 없어서 허전할 듯하다. 그러나 빈 자리에는 사람이 남는다. 물건이 나가면, 그 자리를 사람이 채워야 한다. 이제 장난감이 없는 거실을, 아이들과 나와 남편이 채울 것이다.

---

* 이병용, 《장난감을 버려라 아이의 인생이 달라진다》(절판), 살림출판사, 2005년, 264.

자유 시간만큼은
오롯이
나를 위해

아이를 사랑하지만
내 자유시간까지 아이에게 투자하고 싶진 않았다.
어떻게 얻은 자유시간인데,
이 시간만큼은 진짜
내가 하고 싶은 일을 하고 싶었다.

◇◇◇

2015년 8월, 처음으로 엄마가 됐다. 젖 먹이는 일부터 배냇저고리 입히기까지 어설픈 엄마의 손길에 아이는 수시로 울음을 터트렸다. 재우는 것도 못 해, 목욕도 못 시켜, 기저귀도 잘 못 갈아 할 줄 아는 게 없었다. 매일 무능했고, 매 순간 낙제생이었다.

학생 때는 열심히 하면 좋은 결과를 냈고, 직장에서는 제 역할을 다하면 보람을 느꼈다. 육아는 그렇지 않았다. 먹이고, 입히고 씻기는 가장 기본적인 일조차 손에 안 익었다. 엄마가 되면 정말 잘하고 싶었는데 하루 종일 용을 써도 보람을 느낄 일이 없어 자존감만 떨어졌다. 학생 때처럼 방학도 없고, 직장인처럼 휴가는커녕 퇴근도 없으니 지쳐만 갔다.

육아는 무조건 날 실패하게 했다. 언제나 손해 보게 했다. 그런데 큰아이 세 돌쯤 되었을 때 되돌아보니 그게 아니었다. 역설적이게도 아무것도 할 수 없어서 뭐라도 시도했고, 식구가 늘어 지출할 데가 많아지니 돈 모을 의욕이 솟았다. 아이를 낳지 않았다면 이만큼 성공할 수 없었고, 이 정도로 풍족할 수 없었다.

무엇보다 옴짝달싹 못 하게 된 덕분에 자유가 더욱 소중해졌다. 엄마에게 흔하지 않은 자유를, 기어이 새벽 시간에 비집고 찾아냈다. 자유로웠던 미혼 시절의 열 시간보다, 마음 편히 쉴 수 없는 엄마의 한 시간을 더욱 밀도 높게 썼다. 하고 싶은 일을 온전히 할 수 있는 시간을 소중히 여기고, 쓸 줄 알게 됐다.

고작해야 설거지와 빨래가 가장 무거운 집안일이던 신혼 시절보다 더 부지런해졌다. 시간을 쪼개 썼고, 아침형 인간이 됐다. 잠자는 아이들 뒤로, 방문을 살짝 닫고 나와야 겨우 나만의 시간을 얻었다. 어떻게 얻은 자유 시간인데, 이 시간만큼은 진짜 내가 하고 싶은 일을 하고 싶었다. 그러려면 내가 뭘 좋아하는지 알아야 했다. 엄마의 삶을 시작한 그 시기가 진지하게 나에 대해 고민해본 첫 사춘기였다.

처음에는 이 시간조차 '12개월 유아 반찬' '책육아' '엄마표 놀이' '아이들 데리고 가기 좋은 곳' '맛집'을 검색했다. 낮 동안 찍어둔 사진과 동영상을 편집하며 아이 성장 일지를 썼다. 그런데 이건 내 취향이 아니었다. 아이를 사랑하지만, 한 줌의 내 자유 시간까지 아이에게 투자하고 싶진 않았다. 취향대로 책을 읽었다. 살림, 미니멀리즘, 휘게 라이프, 소설, 서평 쓰는 법, 재테크……. 점점 나은 사람이 되는 기분이 들었다.

덕분에 나란 인간은 무엇을 하며 살 것인가, 세상은 어떤 곳인가, 어떻게 살아야 할 것인가를 끊임없이 고민할 수 있었다. 한 줄로 정돈할 수 있는 답을 찾은 건 아니다. 하지만 소비로 행복할 수 없다는 것, 자연을 거닐 때 편안해진다는 것, 독서와 글쓰기처럼 거창하지 않은 일들로도 충분히 즐거울 수 있음을 알았다. 대단한 엄마가 아니면 어때. 내가 좋아하는 일들은 대단한 사람이 아니어도 충분히 할 수 있는 일이다. 일상을 여행처럼 즐겁게 살 수 있다면 대단한 사람이 될 필요가 없다고 생각한다. 모두 처절한 육아 사춘기 덕분에 얻은 깨달음이다.

내게 육아는 더 이상 경력 단절이 아니라, 경력 확장이다. 비록 내가 두 살 터울 딸들과 씨름하는 동안, 같은 학번의 미혼 혹은 무자녀 친구들은 더욱 교사로서 성장했고, 육아휴직을 하지 않은 남편 또한 날개를 달고 훨훨 날아다녔지만 나도 제자리에 머무르지만은 않았다.

육아휴직을 하는 나는 나대로 학교 밖 세상이 어떻게 돌아가는지 살폈다. 어떻게 살 것인가 고민하고, 교육 외 도서를 읽었다. 우물 안 개구리가 폴짝 뛰어나와 우물 밖을 구경했다. 우리는 개인이 볼 수 있는 시야만큼 세계를 이해한다. 육아 덕분에 나의 세계는 이전보다 넓어졌다.

교사로서 잘 가르치려면 교육 관련 도서만 읽어야 하는 줄 알았다. 하지만 채사장이 《우리는 언젠가 만난다》에서 말했듯 별 모양의 지식은 별 모양을 공부한다고 얻을 수 있는 게 아니라, 동그라미, 세모, 네모를 알아야 한다는 것을 깨달았다. 다시 말해 다양한 분야의 책을 읽어야 했다. 다른 나라의 육아 환경, 미니멀리즘과 덴마크의 휘게 같은 새로운 가치관, 기후변화를 비롯한 환경문제, 주인으로서의 삶을 앗아가는 자본주의, 초등학교 고학년 여학생들이 느끼는 꾸밈 압력, 페미니즘, 자신을 들여다보는 글쓰기에 대한 책을 읽었다. 일부러 찾아 읽은 것이 아니라 짬짬이 독서가 꼬리를 물고 이어졌다.

교육과 관련 없는 듯한 책들이었지만, 예상치 못하게 어떤 방향성을 갖고 학생들을 끌어가야 할지 어렴풋이 깨달았다. 교실 속 학생들을 대하는 방법을 차츰 알아갔다.

그동안은 입시, 취직, 직장생활을 위해 한 방향으로만 달렸다. 공부하고 경쟁했다. 그러다 육아를 하면서 치열했던 한 줄 달리기에서 살짝 벗어나 숨을 돌리고 옆을 돌아봤다. 주변을 볼 수 있게 되어 세계가 넓어졌다. 넓은 공간이 안식을 주듯, 넓은 세계는 내게 여유를 줬다.

세계가 넓어지자 외벌이에 대한 두려움도 줄어들었다. 처음

육아를 손해라고 생각한 큰 이유 중 하나가 벌이가 줄어들기 때문이었다. 외벌이가 되니 세후 250만 원 정도 하는 내 수입이 딱 끊겼다. 두 학번 위인 남편 월급만으로 팍팍한 살림을 꾸려야 하니, 처음으로 아빠가 된 남편은 초조해했다.

그렇지만 적은 돈으로 살아보니 세상이 달리 보였다. 풍요로운 삶은 많은 물건에서 오는 게 아니었다. 최소한의 물건을 소중히 여기며, 쾌적해진 집안 공간을 누리는 즐거움을 알았다. 많은 돈이 삶에서 크게 중요하지 않음을 깨달았다. 소비를 조절하는 능력을 갖추면, 적게 벌어도 충분히 행복하게 살아갈 수 있다. 여전히 돈에 연연하지만, 예전만큼 막연히 두렵지만은 않다. 아이를 키우면서 살림을 꾸린 경험 덕분에, 돈 때문에 원하지 않는 과도한 노동으로 일상을 해치지 말아야겠다고 다짐할 수 있었다.

아이가 태어나지 않았다면 몰랐을 거고, 혹은 늦게 태어났다면 더 늦게 깨달았을 거다. 몸으로 부딪혔기에 알아차릴 수 있었다. 아이를 낳기 전보다 훨씬 마음이 풍성해졌다. 미래를 예전처럼 막연히 두려워하지 않을 만큼 자존감은 높아졌다. 부모가 되어 얻은 최고의 스펙이자 경력이다.

내가 원하는 대로
살 수 있는
최적의 삶

나는 절약으로 자립했다.

당당히 내 의지로 휴직을 결정했고,

나의 삶을 나의 것으로 만들 수 있었다.

그래서 간소한 삶을 산다.

◇◇◇

2018년 겨울, 둘째를 낳고 육아휴직 만 1년 6개월에 들어서며 복직할지 말지를 두고 오래 고민했다. 다시 맞벌이를 시작하면 매달 250만 원을 고스란히 자산으로 쌓을 수 있었다. 간소한 삶을 사는 우리에게, 월 250만 원은 심장이 쿵쾅대는 큰 수입이다. 이 돈을 한 해 모으면, 시골에 있는 작은 밭 한 뙈기도 살 수 있다.

결국 250만 원이라는 숫자를 외면하기 힘들어서 2019년에 복직하기로 마음먹었다. 워킹맘이 되어서도 아이들을 잘 키워 낼 거라며 스스로를 다독였다. 다섯 살, 세 살이면 적은 나이가 아니다. 맞벌이도 못 할 일은 아닐 것이다.

동시에 두려웠다. 느긋함과 여유를 잃어버릴 것이다. 새벽에 벌떡 일어나 아침 차려 먹고 아이들을 보낸 후, 나도 출근하겠지? 근무시간을 불태우고 퇴근하면 녹초가 될 것이다. 부모 품이 그리웠던 어린아이들은 바쁜 저녁 시간 내내 다리에 달라붙어 비비적댈 것이다. 그 모습이 예쁘고 짠하기도 하지만, 해야 할 집안일이 많으니 "이따가! 나중에! 설거지만 하고! 너희 다

씻고! 엄마도 씻고!" 하며 놀아주기를 미루다가 겨우 30분 정도 책 읽어주고 블록 쌓다가 잠들 것이다.

복직으로 얻을 것은 수천만 원의 여유자금이고, 잃을 것은 남편, 나, 두 딸의 안락한 1년이다. 휴직으로 얻을 것은 가족의 여유 있는 1년이고, 잃을 것은 시골 작은 밭 한 뙈기다.

망설이는 내 옆구리를 찌르며 남편이 말했다.

"지금 전화해. 말씀드려."

통화를 마쳤다. 수개월 하던 고민을 끝냈다. 다시 1년, 휴직을 연장했다.

1년 무급 육아휴직을 단행한 이유는 절약이 쉬웠기 때문이다. 돈 덜 쓰는 일은 더 이상 괴롭거나 대수로운 일이 아니었다. 옷이 터지면 바늘로 꿰매 입고, 아이들 옷과 신발은 여기저기 물려 입히고, 시댁과 친정에서 주는 식재료를 감사히 받아 몇 끼 식사로 잘 차려 먹는다. 옷이 지겨울 때마다 새 옷을 사야 했다면, 아이들에게 늘 새 상품만 입혔다면, 가진 식재료를 우습게 여기고 장 볼 때마다 손 가는 대로 샀다면 나는 무급 육아휴직을 할 수 없었을 거다.

물론 돈 쓰면 쉽고 편하다. 때로는 잘사는 기분도 든다. 하지만 나를 위한 소비인 줄 알았는데 시간이 지날수록 가슴이 답답해진다. 스스로를 위로하고자 돈을 썼으나 사실 위로가 안 됐던 거다. 도리어 일한 만큼 쓰고, 다시 쓰기 위해 일하는 내가 잘 살고 있는 건지 묻게 된다. 하지만 질문에 답하기도 전에 시간은 흘러가버린다. 쓰던 씀씀이대로 돈을 쓰고 미래를 막연하게 걱정하며 '남들도 이렇게 사는데 어떻게든 되겠지'라는 태도로 질문에 답 찾기를 포기한다. 불안하면 또다시 소비할 것이다. 쇼핑을 힐링이라 여기면서.

소비가 진정 힐링이 맞는 걸까? 최소한 나에게는 소비가 힐링이긴커녕 어린 두 아이를 두고 직장으로 복직해야 하는 수렁이었다. 그 환경에서 벗어나는 게 진정한 힐링이었다. 충분히 빠져나올 수 있는 수렁 속에 스스로를 방치하지 않아야 했다.

나에게는 옷이 있다. 패셔니스타는 될 수 없는 옷이지만, 취향에 꼭 맞는 따스한 옷들이다. 나에게는 집이 있다. 넓은 신축 브랜드아파트는 아니지만, 볕이 잘 들어 겨울에도 훈기가 돌고 천천 흐르는 풍경이 아름다운 곳이다. 나에게는 차가 있다. 도로에서 모든 차가 슬금슬금 비켜주는 유럽산 동그란 엠블럼 차는 아니지만, 네 식구 안전하고 편안하게 어디든 갈 수 있는 차다. 나에게는 먹거리가 있다. 매일 호사를 누리는 식탁은 아니지만, 제철 음식에 영양가 고루 갖춘 집밥으로 온 식구 무탈하게 건강하다.

우리 부부는 간소하게 사는 덕에 매우 안락하다. 사치품과 '남들보다 더' 잘살고 싶은 욕심을 내려놓으니, 근원적 행복을 추구할 수 있게 되었다. 낮 동안 커피 마시며 글을 쓰고 책을 읽는다. 햇살 좋을 때는 강변 따라 자전거를 타면서 상쾌함에 젖는다. 낮에 집안일을 다 해놓는 덕분에 남편도 집에 오면 더 이상 분리수거나 청소, 빨래에 진 빼지 않는다. 저녁 시간인데도 여유가 있어 남편은 영어 회화를 중얼거리며 외우고, 나는 아이들과 상상의 바다를 헤엄치며 장난감 물고기를 낚는다. 딸들은 어린이집에서 놀다가 점심 먹고 낮잠 잔 후, 집으로 온다. 하원길에 엄마랑 산책하거나 서점에 들리기도 하고, 놀이터도 간다.

나는 절약으로 자립했다. 당당히 내 의지로 휴직을 결정했고 나의 삶을 나의 것으로 만들 수 있었다. 그래서 간소한 삶을 산다. 온 가족이 유토피아를 누릴 수 있도록 가계부도 쓰고 봉투 살림도 한다. 이외에 남는 돈은 저축한다. 그렇게 매달 저축하는 적은 돈이야말로, 미래를 위한 준비로 적당하다. 절약하는 그 순간, 나는 유토피아에 살게 되었다. 그리고 1년 더, 유토피아에 살기로 했다.

다시,
최소한의
소비

외벌이가 끝나고 나서도
내 힘으로 살림과 육아를 돌볼 때
비로소 불안과 고통이 줄었다.
절약은 우리 삶을 정상궤도로 돌려준다.

◇◇◇

　유토피아에 살기로 결심한 1년 뒤, 나는 4년 조금 넘었던 육아휴직을 마치고 복직했다. 두 아이가 네 살, 여섯 살이 되어 비로소 나도 출근길에 다시 오르게 된 것이다. 유토피아에서 나왔다지만 사실 신났다. 애 둘 키우면서 육아휴직 하는 동안 남편의 출근길이 얼마나 부러웠던지. 드디어 나만의 출근길이 생겼다!

　하지만 딱 3일 설렜다. 곧 복직을 후회했다. 정신없이 바빴기 때문이다. 이전의 여유롭던 일상이 자주 떠올랐다. 아침 시간이 제일 바빴다. 식사시간을 예전보다 한 시간 당겼다. 온 가족이 촉박하게 움직인다. 애들도 예외 없다. 엄마의 휴직 기간에는 느지막이 일어나서 이불에서 뒹굴고, 그림책 읽다가 배고프면 밥을 먹던 아이들이 이제는 밥 먹으면서 머리 빗고, 바지 입고, 양말 신는다.

　복직 이후 우리 가족은 부지런해야'만' 하는 사람들이 됐다. 늑장 부리는 순간 지각이니 어쩔 수 없었다. 아침에는 바빴고 저녁에는 소진됐다. 나는 퇴근하면 밥 먹고 누워 '30대 오피스

룩'이나 '예쁜 실내화' 따위를 검색하며 피로를 풀었다. 코르크 밑창을 가진 폭신한 실내화가 나를 행복하게 해줄 것만 같았다. 외벌이 때는 없던 쇼핑의 연속이었다.

휴직하는 동안 나는 최소한으로 소비하는 즐거움을 깨달았다. 공원에서 산책하는 법과 독서에 재미를 붙였고, 글을 쓰며 살았다. 집안일도 미워하지 않았다. 빗자루로 방을 쓸고, 빨래 건조대에 빨래를 널며, 직접 밥을 지은 후 먹은 그릇을 뚝딱 설거지했다. 집안일은 더 이상 가사노동이 아니라 생활의 일부이자 경제적 자립의 기초였다. 자연스레 바깥 음식을 줄인 덕분에 적은 돈으로도 충분히 먹고 살았다. 게다가 태어나서 처음으로 '어떻게 살 것인가'를 고민한 순간이었다. 생각하는 대로 살 수 있어 신이 났다. 스트레스가 거의 없었다. 32년 생애 최고의 황금기였다.

이제는 아니었다. 한 달에 딱 한 번 월급날에 반짝 기분이 좋았다. 일상이 꾸준하게 불행했다. 삶은 정상궤도에서 이탈했고 아이들이 잠든 밤이면 파김치가 된 채 외벌이 시절을 그리워했다. 퇴근 후 쇼핑한다 해서 예전처럼 이완될 수 없었다. 외벌이 동안 여유와 사유의 세계에 살았던 탓에 맞벌이의 탁한 일상을 재빨리 눈치챘다. 맞벌이를 하면 돈을 더 많이 벌 수 있어 경제적으로 여유로웠지만 몸이 힘들어 읽고 쓸 시간이 줄었다.

슬프다는 걸 눈치채자 오기가 생겼다. 내가 뭣하러 고통스러워야 하나. 휴직 기간에 깨달았던 최소한의 소비를 다시 실천해보기로 했다. 이번에도 절약으로 나를 구할 수 있을까.

일단 쇼핑부터 멈췄다. 더 많은 물건을 가진다 해서 더 즐겁지 않다. 무엇보다 쓴 만큼 다시 벌어야 한다. 나는 소비하기 위해 맞벌이를 시작한 게 아니다. 아이들이 어릴 때 열심히 일해서 경제적으로 더욱 단단해지기 위해 일터로 돌아간 것이지 고작 쉬폰 블라우스 때문은 아니다.

다시 한 번 집밥을 리트머스지처럼 써보기로 했다. 집밥을 할 수 없을 정도로 고단한 삶이라면 그건 내 삶이 뭔가 잘못되었다는 신호다. 반대로 퇴근 후에 쌀 안치고 국 끓일 수 있는 저녁이라면 일과 삶의 균형이 잘 잡혔다는 증거다. 덜 피곤하고 스트레스가 없어야 치킨을 주문하는 대신 된장찌개를 끓일 테니까.

결심했다. 외벌이 때처럼 하루 식비 1만 5,000원으로 살자고 말이다. 사실 식비 예산을 늘릴 참이었다. 하지만 예산이야 나중에 늘려도 손해 볼 일 없다. 맞벌이를 괴롭게 하는 게 집밥인지 혹은 다른 무엇인지 가늠해보고 싶었다. 일단 부스스해진

머리를 묶고 식탁에 앉았다. 제일 먼저 해야 할 일이 있었다. 바로 냉장고 지도 그리기였다. 종이와 펜을 준비했다. 그리고 냉장실과 냉동실, 찬장에 있는 식재료를 모두 살핀 후, 종이 한 장에 기록했다. 정리한 냉장고 지도를 투명 테이프로 냉장고 문에 붙였다. 냉장고 문에 붙은 종이 한 장 속에 빼곡히 적힌 식재료들을 빤히 들여다봤다. 그리고 다짐했다. 나는 이 재료들로 집밥을 해 먹을 것이다.

다음으로는 집밥할 시간과 체력을 마련해야 했다. 그래서 퇴근 후 자투리 시간을 모았다. 요리 시간을 줄이기 위해 '셀프 밀키트'를 만들었다. 국이 끓는 동안 당근 하나를 3등분해 채 썰고, 깍둑 썰고, 다졌다. 샐러드와 카레, 계란말이에 쓸 재료를 미리 다듬어놓은 것이다. 당근만이 아니다. 양상추, 파, 호박까지, 요리 중 틈이 날 때마다 재료를 조금씩 다듬어 밀폐 용기에 미리 넣어두니 조리 시간이 크게 줄었다.

그리고 애플리케이션을 지웠다. 나는 웹툰과 뉴스에 중독된 채 살고 있었다. 빨래 한 번 널고 와서 웹툰 한 편, 애 둘 머리 감기고 나와 뉴스가 닳아 없어질 때까지 랭킹 뉴스를 훑었다. 하지만 스마트폰을 식탁에 내려놓고 나면 내가 뭘 봤는지조차 잊었다. 충분히 쉬는 기분도 안 났다. 틈새 여가라 생각했지만 어지러운 댓글에 몸과 마음이 소진되기 일쑤였다.

결국 웹툰과 블로그, 브런치 그리고 포털사이트 애플리케이션을 삭제했다. 그러자 저녁 시간의 기적이 일어났다. 약간 심심할 정도로 여유가 생겼다! 웹툰을 볼 때는 30분도 짧았지만, 오프라인 세계에서는 30분 동안 할 수 있는 일이 많았다. 설거지를 후다닥 하고 빨래를 갰다. 아날로그 세계의 시간과 디지털 세계의 시간은 감각이 달랐다.

맞벌이 부부도 절약이 가능할까? 내 대답은 '가능하다'다. 소모적인 것들을 내려놓으니 가능했다. 집밥은 어렵지 않았다. 복직 후 여전히 하루 식비 1만 5,000원으로 먹고산다. 집밥뿐만 아니다. 손빨래도 하고, 상추 씨앗도 뿌린다. 아이들이 잠들고 나면 책 읽고 글을 쓰며 나만의 시간을 누린다.

나도 몰랐다. 맞벌이를 하면서도 식비 1만 5,000원을 고수하며 살게 될 줄 말이다. 사실 식비뿐만 아니다. 식비를 제외한 생활비도 여전히 하루 1만 5,000원으로 산다. 씀씀이가 외벌이 때와 같다.

더 억척스럽게 살게 되었을까? 그렇지 않다. 아마 반찬 가게를 이용함으로써 혹은 의류건조기를 들여 가사노동 시간을 절약했다면, 나는 남는 시간 동안 무엇을 했을까? 아마도 스마트폰을 붙잡고 나를 노동에서 해방할 또 다른 물건을 찾기 위해 쇼핑 사이트를 들락거렸을 것이다. 하지만 집밥을 하기 위해 셀프 밀키트를 만들고 나니, 새로운 물건을 살 필요가 없어졌다. 온갖 애플리케이션을 지우고 난 뒤에는 아이들과 더 자주 눈 맞추는 다정한 엄마 노릇을 할 수 있었다.

외벌이처럼 절약한다는 것은 외벌이 시절의 여유와 사유를 놓치지 않게 되었다는 의미다. 물론 이 글을 읽는 당신과 내 가족이 처한 상황은 다르다. 자녀 수나 성별도 다르고, 출퇴근 거리도 다를 것이다. 배우자의 성향이나 건강 상태, 혹은 나이나 직종도 모두 다를 것이다. 또한 대다수의 사람에게 절약은 돈이 넉넉해지면 궁극적으로 하고 싶지 않은 일일 거다.

그럼에도 내가 이 절약 경험을 군이 나누고 싶은 이유는 절약이 때때로 우리 삶을 정상궤도로 돌려주기 때문이다. 나는 더 편리한 서비스나 기계를 누리지 않지만 그래도 좋다. 돈으로 삶의 문제를 해결하려 들 때보다 내 힘으로 살림과 육아를 돌볼 때 비로소 불안과 고통이 줄었다. 계좌에 저축할 여윳돈이 있도록, 빨래를 널 시간이 있도록, 조리대 앞에 설 시간이 있도록 삶을 정상궤도로 돌려주는 절약이라 마음에 든다.

가진 것이
줄어들고 생긴
'하지 않을 자유'

가진 것이 많으면 자유롭기 힘들다.

반면에 가진 것이 줄어들면

신경 써야 할 요소들도 함께 줄어 자유롭다.

해방이다.

있어야 하는 줄 알았던 화장대를 없앤 1년 뒤, 해야 하는 줄 알았던 화장도 하지 않고 출근한다. 복직 후, 로션에 선크림만 바르고 출근한다. 궁금했기 때문이다. 그동안 꾸미는 게 좋아서 화장을 한 것인지, 안 꾸미면 안 될 것 같아서 파우더로 얼굴을 두드리고 아이라인을 그리고 산 것인지.

꾸미면서 나를 표현하던 시절은 딱 청소년기까지였다. 학생이라면 모름지기 꾸미기보다 공부해야 바람직하다고 설득하는 부모님과 선생님들 틈에서 고데기로 살짝 만 머리는 해방의 상징이었다. 하지만 대학생 이후부터는 꾸밈의 이유가 달라졌다. 꾸미지 않고서는 밖에 나갈 수가 없었다. 화장하지 않은 민낯은 부끄러워 견딜 수가 없었다. 조금 지각할지언정 BB크림에 립스틱은 챙겼다. 내복만 입은 채로 외출할 수 없듯, 민낯인 채로 외출은 불가했기 때문이다. 민낯은 내복과 동급이었다.

나에게 화장은 하고 싶어서 했던 일이 아니다. 그저 안 하면 안 될 것 같아서 했던 일이다. 민낯, 이게 정말 안 될 일일까? 확인해보고 싶어서 안 해보기로 했다. 첫 시도는 독서 모임 때였다. 로션에 선크림만 바르고 사람들을 만났다. 부끄러웠냐고? 아니다. 우리는 다 같이 화장을 안 했다. 그때 우리는 '꾸밈 노동'에 반론을 제기하는 이민경 작가의 《탈코르셋》을 함께 읽고 있었기에 누가 먼저 얘기하지 않아도 모두 민낯으로 모였다. 다 같이 화장을 안 했으니, 부끄럽지 않았다. 오히려 편했다.

탈코르셋은 실용적이었다. 꾸미지 않아도 불이익이 없을뿐더러 편했다. 비록 거울 속 민낯인 모습이 아직 낯설지라도 괜찮았다. 화장에 공들일 시간에 책 한 글자를 더 읽었고, 영어 단어 하나를 더 외웠다.

문제는 출근이었다. 복직 첫날이자 전 교직원 첫 출근일, 나는 화장을 하지 않았고, 검은 면바지에 니트를 입었다. 당일 아침까지 망설였다. 태어나서 단 한 번도 학교에 민낯으로 출근한 적이 없었다. 해보지 않은 일을 시작하려니 동료 교사들의 반응에 겁부터 났다. 겁이 나서 화장을 안 하기로 결심했다. 화장을 할지 말지 갈등하고 두려워하는 스스로의 마음 자체가 꾸밈을 고통스러운 의무로 여기고 있음을 방증했으니까.

결국 저질렀다. 화장을 안 했다. 그리고 나 혼자만 난리가 났다. 아무도 뭐라고 하는 사람이 없었는데도 머릿속으로 스스로를 여러 번 질책했다.

'아우, 괜히 화장 안 해서 민망해 죽겠다.'

'나를 허접하고 어설픈 사람이라 생각하는 거 아닐까?'

하지만 남자 교직원들은 아무도 화장을 하거나 정장을 입지 않았다. 양복을 갖춰 입으신 분은 교감 선생님 한 분뿐, 다른 분들은 무난한 차림새 그대로였다. 꾸미지 않았지만 심란해 보이지도 않았다. 보기 좋았다. 편안하고 자연스러운 모습이 멋졌다. 회의에 집중하기에 적합해 보였고, 추운 겨울에도 따뜻해 보였다.

뭐라고 하는 사람도 없고, 사회적 체면 구길 일도 아니라면 탈코르셋을 계속 해보기로 했다. 그 덕분에 본격적으로 '꾸밈'과 '기능'에 대한 고민을 하고 결론을 내릴 수 있게 되었다. 나에게 꾸밈은 시간과 돈을 앗아갈 뿐만 아니라 감정 소모도 심한 노동이었다.

이제는 노동에서 해방됐다. 출근길이든, 카페든, 대형마트든, 백화점이든 어디로 가더라도 화장을 선택한다. 하지 않을 때도 있고 할 때도 있다. 자유는 '하지 않음'에서 온다. 비로소 내 얼굴을 나답게 꾸미며 산다.

탈코르셋은 나에게 절약의 연장선이었다. '소비하지 않음'과 '화장하지 않음'은 우리에게 선택권이 거의 없다는 점에서 같다. 소비는 해도 되고 안 해도 되는 일이 아니다. 위축되지 않으려면 유행에 맞춰 옷을 입어야 한다. 옷뿐만 아니다. 겉으로 보이는 대부분의 물건이 그렇다. 살고 있는 집, 타는 차, 들고 있는 가방에서 신고 있는 신발까지. 얕은 인간관계에서는 가격으로 환산되는 물건들로 서로를 곁눈질하기 때문이다.

사회적인 사람이 되려면 절약을 자랑하기보다 주변인이 '이거 진짜 싸게 주고 산 것'이라는 쇼핑 전리품에 호응하는 게 낫다. 쇼핑에 적절히 박수를 함께 쳐야 이웃을 기쁘게 해줄 수 있다. 반면 "아무리 싸도 필요 없는 거면 비싼 거예요"라고 엇박자를 놓으면 눈치 제로 낙제생이 되기 일쑤다. 상대방의 마음도 불편해진다. 남을 불편하게 했으니 이건 악행이다. 자본주의 사회에서는 절약을 즐기는 일 자체가 상식에 반하는 일이며, 악행에 가깝다. 그래도 좋다. 니체가 말하지 않았던가. 악행이라도 저지르라고.

패딩 한 벌을 8년째 입고 있다. 새 패딩을 사지 않고 남는 돈을 저축한다고 하면 보통 이런 소리를 듣는다.

"돈 있는데 굳이 왜?"

별거 없었다. 신혼 때 샀던 패딩은 여전히 따뜻했다. 진한 파란색도 무난해서 마음에 든다. 패딩 한 벌을 8년째 입는 일, 나에게는 그저 입던 옷을 입는 일이라 어려운 일도 아닌데 왜 다들 패딩이 비싸니 마니 호들갑인지 이해할 수 없다.

절약을 응원하거나 멸시하는 이유는 간단하다. '돈'과 '체면'은 연결되기 때문이다. 우리는 그렇게 배웠다. 우아한 여배우가 넓은 집에서 드레스 입고 도심 풍경을 내려다보는 광고 이미지를 보며 자랐다. 무엇을 소비하는지는 사회적·문화적 지위를 상징한다. 절약하면 인스타 핫플도, 유행과 스타일도, 내세울 만한 집과 차도, 영어유치원이나 유료 체험수업도 절제해야 한다. 다수의 사람이 절약하면서 힘든 지점이 바로 여기다. 영양가 고르게 잘 먹고, 따뜻한 옷이 있음에도, 절약은 어려운 일이 된다. 하지만 인스타 핫플, 유행과 스타일, 집과 차, 영어유치원과 유료 체험수업은 '더 나은 것(럭셔리, 사치품)'은 될 수 있지만,' 없어서는 안 될 것(필수품)'은 아니다.

어떤 패딩을 입었느냐에 따라 그 사람을 판단하는 문화는 위험하다. 합리적으로 생각할 힘을 잃게 만든다. 산다는 게 고작 유행하는 패딩을 가졌느냐 아니냐, 최신 가전을 가졌느냐 아니냐는 아닐 텐데, 다양성이 중요하다는 시대에 어째 소비문화만큼은 유일한 정답이 있는 것처럼 보일까. '각각 다른 당신들의 개성을 위해 소비하십시오! 돈을 쓰십시오!'라고 말하면서 그 사이에 돈 덜 쓰는 선택지를 끼워줄 다양성은 없다.

이게 내가 '절약'이라는 악행을 저지른 이유다. 의도적으로 학습한 것을 저버렸다. 탈학습unlearning이었다. 그간 뭐든 많고, 크고, 비싸고, 최신의 것이 좋은 것이라 배웠는데, 줄이고, 버리고, 안 샀다. 8년 묵은 패딩뿐만 아니라 10년 된 재킷과 구두를 여전히 애용한다. 안방에는 침대 매트리스와 피아노만 달랑 남았다. 더 이상 사지 않았고, 안 살 때는 신나서 블로그에 글을 써서 자랑했다. 여러분, 물건을 안 샀습니다!

살 것인가 말 것인가. 사야만 한다는 강박에서 벗어나면, 살지 말지 선택하기 쉬워진다. 신상 패딩을 가진 사람이 될 것인지 입던 패딩을 몇 년 더 입는 사람이 될 것인지를 선택할 자유가 비로소 생기는 것이다.

쓰기만 할지 절약할지 선택의 자유를 거머쥔 후, 이제는 꾸밀지 말지 선택할 수 있는 자유에도 도전한다. 하루 예산 1만 5,000원이라는 제한된 소비를 하며 살자 비로소 나다운 소비를 할 수 있게 되었듯, 할지 말지 선택하려면 안 해도 괜찮은 상태를 경험해야 한다. 가진 것이 많으면 가진 것을 지켜야 해서 자유롭기 힘들다. 반면에 가진 것이 줄어들면 신경 써야 할 요소들도 함께 줄어 자유롭다. 해방이다.

작고 오래된 집에
살지만
불안하지 않습니다

나는 우리 집이 고맙다.

주거비가 적은 덕분에 저축도 많이 할 수 있었다.

점점 살림이 안정됐다.

돈 걱정 없이 살 수 있었다.

◇◇◇

검소하게 살기 위해서는 두 가지 노동을 해야 한다. 바로 육체노동과 감정노동이다. 돈을 덜 쓴다는 건, 돈으로 살 수 있는 물건과 서비스 대신 몸을 움직여야 한다는 뜻이다. 품을 들일수록 돈을 아낄 수 있다. 결론은 명확하다. 절약하고 싶다면 육체의 수고로움을 아쉬워해서는 안 된다. 절약은 '육체노동'이다.

그런데 검소함과 감정노동은 무슨 상관일까. 이건 조금 생뚱맞게 들릴 수 있다. 하지만 집으로 설명하면 쉽다. 사례를 찾으러 멀리 갈 것도 없다. 2020년에 사건이 하나 터졌다.

발단은 세종시 솔빛초등학교의 학군 조정이었다. 솔빛초등학교 주변으로 새 아파트들이 들어서면서, 이 아파트에 입주할 어린이들을 솔빛초로 배정하기로 했다. 그런데 기존 솔빛초 학군인 A아파트 입주자대표회의에서 반발했다. 엘리베이터 게시판에 써 붙인 '학군 조정의 문제점'이 가관이다.

"임대아파트가 포함된 학군으로 분류되어 아파트 이미지 저하가 우려됨."

누가 들어도 뻔뻔한 말. A 아파트 주민들은 곧바로 입주자대표회의의 공식 의견에 반발했다. 입주자대표회의 측은 바로 사과했고, 대표자는 직을 내려놓았다. 사건은 일단락되었지만 우리는 확인할 수 있었다. 돈이 있든 없든 값싼 임대아파트에 살면 주눅이 든다. 이게 바로 하지 않아도 되는 감정노동이다.

나는 집을 둘러싼 일련의 일들을 지켜보며 사람들 시선의 정체가 궁금했다. 그때 마침 알랭 드 보통Alain de Botton이 쓴 책 《불안Status Anxiety》을 만났다. 알랭 드 보통은 이 책을 통해 임대아파트와 감정노동의 상관관계를 깔끔하게 정리한다. "불편은 모욕을 동반하지만 않으면 오랜 기간이라도 불평 없이 견딜 수 있다"라고.

그의 말에서 불안의 정체는 모욕임을 알 수 있다. 돈이 많든 적든 우리는 타인의 시선에서 오는 모욕감을 걱정한다. 돈을 덜 쓰면 불편하다. 이때 모욕을 느끼지 않으면 오랜 기간 검소하게 살 수 있다. 불편하기만 하다면 얼마든지 감내할 수 있는 것이다. 하지만 모욕을 느끼는 순간 불안해진다. 나도 그랬다.

나와 남편은 자주 이사할 집에 대해 얘기했다. 주변 동료, 친구들이 모두 최근 분양한 신축 아파트로 이사했기 때문이다. 마음이 동했다. 새집, 정말 좋을까? 좋다면 일단 둘러보자!

하지만 성에 차는 집이 없었다. A는 평수가 적당하지만 채광이 안 좋았다. B는 채광이 좋은데 4인 가족 살기에 너무 넓고 풍경이 안 좋았다. C는 아이들이 뛰어놀 넓은 광장이 있고 채광도 좋고 풍경도 아름다웠지만, 직장과 아이들 유치원에서 멀리 떨어져 있었다. D는 지어진 지 15년 즈음 된 헌 집으로 풍경도 좋았고, 광장도 있었고, 채광도 좋았지만, 주차공간이 좁아 이중주차로 몸살을 앓고 있었다.

전세보증금 6,482만 원의 전용면적 17평짜리 작은 임대아파트인 우리 집은 채광도 좋고, 풍경도 좋으며, 아이들이 놀 수 있는 산책로와 가깝고, 직장과 아이들 유치원 모두 걸어서 10분 거리다. 많은 물건을 소유하지 않은 우리 식구가 살기에 공간도 적당하다. 심지어 값도 싸다. 전세 보증금 6,482만 원으로 3년 간 살 수 있다.

한 가지 단점이 있다면 그것은 '모욕'이다. 나는 이 임대아파트에 살면서 종종 모욕을 느낀다. 따뜻하고 아름다운 데다가 옆집 이웃들도 다정한 우리 집은 그저 '임대아파트' 딱지 하나가 붙었을 뿐이다. 그런데 사람들에게 내가 사는 곳을 말하면 짧은 침묵이 돈다. 침묵 이후에는 민망함을 만회하기 위해 고맙게도(?) 화제를 바꾸거나, "돈 열심히 벌어 이사 가면 된다"라는 난데없는 격려를 쏟아낸다.

처음에는 사람들의 반응이 당황스럽고 난처했다. 나는 내가 사는 곳을 좋아했기 때문이다. 주거비가 적은 덕분에 저축도 많이 할 수 있었다. 점점 살림이 안정됐다. 덕분에 경제적으로 풍요롭고 편안했다. 이 임대아파트는 굉장히 실속 있었다. 그럼에도 사람들은 임대아파트 꼬리표만으로 나를 측은해하거나 낮잡아봤다.

우리는 가성비에 가심비까지 온갖 '가격 대비' 따지기를 좋아한다. 그런데 집에 있어서만큼은 잣대가 다르다. 비쌀수록 좋아한다. 비싼 집에 살수록 우쭐할 자격을 얻는다. 비싸고 좋은 집을 기준으로 상대방에게 무례한 잣대를 들이대는 이유는 뭘까? 바로 능력주의meritocracy다. 노력하면 그 대가로 혜택merit을 주자는 의심할 여지도 없어 보이는 사고방식 말이다.

열심히 일한 사람이라면 누구나 집과 차, 옷을 살 수 있다는 능력주의는 일견 공정하고 평등해 보인다. 가난해도 노력하면 사업에 성공할 수도, 좋은 직장을 얻을 수도 있다. 계속 가난하다면 그것은 게으름의 상징이다. 비싼 집을 살 수 없는 가난한 사람들은 게으름에 대한 정당한 대접을 받는 것이다. 공정하고 평등한 것처럼 보이는 능력주의 앞에, 임대아파트는 성실함의 결함으로 보일 뿐이다.

홀륭하고, 똑똑하고, 유능한데도 왜 여전히 가난한가 하는 문제는 새로운 능력주의 시대에 성공을 거두지 못한 사람들이 답을 해야 하는(자기 자신과 남들에게) 더 모질고 괴로운 문제가 되었다.[*]

하지만 지금도 그러한지는 의문이다. 능력주의 신화가 무너지는 장면을 시시각각 목도한다. 가난한 부모 아래서 성실히 공부한 아이들이 좋은 직장을 얻는다는 얘기는 이제 '특별한' 사례다. 소수의 일일 뿐이다.

상위 20퍼센트의 중상류층이 계층 이동 사다리를 악의 없이 걷어차고 있다. 일하지 않고도 돈을 버는 불로소득을 통해 더 쉽게 부를 세습하고, 가진 부를 이용하여 자녀를 더더욱 입시에 유리하게 양육한다. 자본소득은 노동소득보다 수 배 빠르게 부를 증식한다. 능력주의 시대면서 동시에 운의 시대다.

임대아파트는 결함이 아니다. 불편할 수는 있지만 모욕을 받을 일이 아니다. 만약 동료들이 사는 브랜드아파트에 살기 위해 수억의 빚을 졌다면, 아마 나는 육아휴직을 못 했을 거다. 글쓰기 모임을 비롯해 친한 언니들의 아이들 공부 봐주기 같은 '돈 받지 않고 하는 일들' 따위는 내 선택지에 없었을 거다. 왜냐면 로또 맞은 적도 없고, 재벌 2세도 아니지 않나. 슈퍼리치가 아닌 이상, 값비싼 소유물과 대가 없는 일은 공존할 수 없다. 돈에 쫓기면 한정된 시간은 내 몫을 챙기는 데에 쓸 수밖에 없다.

집의 크기, 연식, 자재에 따라 가격이 결정되는 지금, 가격과 비례해 집의 조건이 좋고 나쁠 수는 있다. 그러나 남들이야 임대아파트를 어떻게 생각하든 나는 이 낡고 오래된 우리 집이 고맙다. 지하주차장에서는 시멘트 녹는 물이 떨어지는 자리를 피해 주차해야 했기에 불편한 점도 있었다. 그래도 덕분에 돈 걱정 없이 살았다. 그렇기에 그 정도 불편은 대수롭지 않았다.

작은 집에 살든, 차를 한 대만 몰든, 입고 있는 옷의 나이가 몇 살이든 그리고 그 모든 것을 경제 논리에서 '궁색'이라 평할지라도, 개인적으로 충분하게 느꼈다면 문제없다. 의연하고 당찬 마음으로 성숙하고 싶다. 무엇보다 경제적 자립은 성숙에서 오니까. 궁색한 성숙인은 오래도록 자유로울 것이다.

어쨌든 집 이야기는 참 어렵다. 여기가 지방이라 이런 한가한 소리를 할 수 있을 것이다. 어떤 집을 구매해서 사느냐에 따라 자산이 몇 달 사이 '억, 억' 하는 대도시에 산다면, 집 선택의 기준이 다를 것이다. 바닷가 작은 도시에서도 아파트에 따라 '나는 이 정도의 인간'임을 은근하게 과시하기에 종종 황당하고 때론 위축되기도 하지만, 대도시의 무자비한 차별에 비할 바가 아닐지도 모른다.

집 이야기에 정답이 있을 리 없다. 하지만 집만큼은 생각하는 대로 사고buy, 살아야live 한다. 각자의 정답, 나름의 소신으로, 조금은 배짱 있게.

*   알랭 드 보통, 정영목 옮김, 《불안》, 은행나무, 2011년, 108.

가계부도
스펙입니다

고스펙은 가계부의 쪽수가 얼마나 많은가에 있다.

오래, 끈질기게, 살림을 손에서 놓지 않고

직접 돌봤다는 증거니까.

◇◇◇

나는 가계부가 누군가의 능력을 증명한다고 생각한다. 가계부도 일종의 스펙이라 여기는 셈이다. 특히 고高스펙은 기록한 가계부의 쪽수가 얼마나 많은가에 있다고 믿는다. 오래, 끈질기게, 살림을 손에서 놓지 않고 직접 돌봤다는 증거니까.

고백하자면 원래부터 가계부를 쓴다고 성실하다거나, 능력이 출중하다고 생각했던 것은 아니다. 성실한지 가늠하려면 성공 혹은 실패를 가늠할 수 있는 결과값이 있어야 한다고 생각했다. 예를 들어 도서관에 오래 앉아 공부를 하거나 자기계발을 하려고 새벽부터 책을 읽고 글을 쓴다면? 성실해 보인다. 이런 시간을 거쳐 능력이 쌓이고, 그것은 몸값을 비롯한 가치 상승으로 이어질 테니까.

반면 가계부는 능력과 관련 없다고 생각했다. 이미 얻은 것을 잃지 않으려는 소극적인 '수비전' 정도로만 생각했다. 가계부에서는 억척스러운 기운이 난다고 할까, 10원 한 닢 허투루 흘리지 않겠다는 처절한 모습만을 상상했다.

그런데 누가 알았겠나. 나는 이제 가계부 쓸 때마다 스스로가 고귀해 보인다. 연필 쥐고 공책에 '김밥김×2＝5,960원, 깻잎 1,250원, 오이×2=1,750원……' 끄적이면, 하루를 잘 마감했다는 기분이 든다. 그런 날에는 마음 편히 잠들 수 있다.

가계부를 쓰기 전에는 잠을 자주 설쳤다. 고민이 많았다. 미래가 어디로 흘러갈지 몰라 불안했지만, 그렇다고 무엇을 해야 할지도 몰랐으니까. 일단 도서관에 가서 할 수 있는 일을 찾아보기는 했다. 결국 교육대학원 입학 준비를 했다. 석사학위라도 하나 있으면 기분이 조금 나아지지 않을까? 그런데 대학원을 4학기나 다녔는데도 선명하게 '이제 안심이야' 하는 마음이 들지 않았다.

하지만 큰아이를 임신하면서 무기한 육아 휴학 중일 때는 오히려 잠이 잘 왔다. 가계부에 '우엉 2,650원'을 써놓았기 때문이다. 무슨 마법일까, 가계부가 부린 마법은. 처음 가계부를 쓸 때는 이렇게 다짐했다.

'남편이 힘들게 번 돈, 허투루 낭비할 수는 없지! 내가 지켜주자!'

이전에는 가계부를 번 돈을 낭비하지 않는 단속 수단으로만 생각했다. 하지만 지금은 다르게 생각한다. 돈을 지키는 소극적 버팀목 역할이 가계부의 진면목만은 아니다. 가계부는 적극적인 진두지휘자로서 기능한다. 가계부를 씀으로써 살림에 필요한 돈이 얼마인지 파악하고, 얼마만큼 돈을 벌어야 현재와 노후를 안정적으로 보낼 수 있는지를 계산할 수 있다.

번 돈으로 살림하자? 아니다. 이제는 살림하려고 돈을 번다. 순서만 바뀌었을 뿐인데, 홀가분해진다. 지금처럼 밥 먹고, 아이들이랑 숲 산책을 하며, 책도 읽고, 커피도 마시고 살려면, 돈이 얼마나 필요한지 혹은 얼마나 아껴야 할지, 그도 아니면 지금 이대로 잘하고 있는지를 가늠할 수 있다. 바로 가계부로!

모든 일이 그렇듯, 가계부 쓰기도 처음부터 잘할 수 없었다. 자꾸 미루는 날도 많았다. 특히 돈을 많이 쓴 날에는 괜히 더 가계부를 쓰기 싫었다. 그렇게 한 번, 두 번 가계부를 덮어두고는 했다. 신경은 쓰였지만 들춰봤자 속앓이한다고 생각해서 가계부를 방치한 채 몇 달씩 흘러보내기 일쑤였다.

그럼에도 다시 펼쳐 가계부를 쓴다. 가계부가 한 장, 두 장 쌓이면 스펙이 되어 돌아온다. 오래 쓸수록 흐릿하던 살림의 지표가 선명하게 숫자로 잡히고, 차츰 인생의 방향키가 내 손에 들어온다.

물론 인생이란 거대한 서사를 확신할 수는 없다. 가계부가 성공의 보증수표도 아니다. 나는 여전히 대학원 졸업은커녕 이

163

수도 못 했다. 게으른 금융맹이라 증권 계좌도 하나 없고, 주식도 할 줄 모른다. 코로나로 4차 산업혁명이 가속화되어 메타버스니 뭐니 하는 말을 들으면, 나는 벌써 도태된 기분이다.

그럼에도 어지러운 세상 속에서 가계부를 쓰면 불안이 사그라든다. 얼마가 필요하고 얼마를 벌거나 절약해야 할지, 내 삶을 진두지휘할 수 있는 능력은 살림에서, 그러니까 꾸준하게 쓰는 가계부에서 나온다. 역시 가계부는 스펙이다. 오래 쓰고 볼 일이다.

장마철마다 반복되는
그녀와 나의 전투

　장마가 지겹게 이어졌다. 두 달째 날씨의 기본값은 흐림과 비였으며, 태양은 기분 내킬 때만 겨우 모습을 드러냈다. 이상 기후로 인해 장마철은 앞으로도 길게 이어질 전망이라는 소식이 들렸다. 나는 촉각을 곤두세운 채 하늘과 일기예보를 주시했다. 날씨의 변화에 따라 기분이 천당과 지옥을 오고 갔다.

　농부도 아니고, 저지대에 사는 것도 아닌데 왜 이렇게 기상 상황에 예민한가. 중대한 사유가 있다. 빨래 때문이다. 우리 집에는 의류건조기가 없다. 구식 건조대에서 바람과 태양의 힘만으로 빨래를 말린다. 네 식구의 빨래 수거함은 빠른 속도로 차오른다. 여름철이라 땀을 많이 흘리기 때문이다. 쌓인 빨랫감

내부는 곰팡이가 자생하기에 최적의 환경이다. 집에서 빨래 담당인 사람에게는 최악의 상황이라는 의미다. 나는 끔찍한 광경을 몇 번 목격하였고, 그 이후 필사적으로 햇빛을 찾아 세탁기를 돌린다.

내가 선호하는 빨래 시간대는 오전 여덟 시 전후다. 애들 챙기느라 정신이 없긴 하지만 빨래를 널고 출근하면 퇴근 후가 한결 편하다. 장마철에는 오전 시간대를 사수하느냐 못 하느냐가 매우 의미심장한 결과 차이를 만든다. 만일 타이밍이 어긋나 빨랫감을 켜켜이 쌓아놓은 상태로 종일 비까지 내리면, 눅눅함이 오래 가고 고약한 냄새를 풍긴다. 생각만으로도 두려워진다.

어제는 마음고생을 좀 했다. 발단은 기상청 예보였다.

"오후까지 강수량은 0~3밀리미터를 기록하겠습니다."

연일 비가 주룩주룩 내렸기에 0~3이라는 수치는 비가 내리지 않는다는 의미처럼 다가왔다. 나는 신이 나서 빨랫감을 세탁기에 털어 넣고, 세제를 부었다. 운이 좋으면 해가 비칠지도 모른다는 희망이 샘솟았다. 세탁기가 돌아가는 동안 수시로 창밖을 살폈다. 두텁게 내려앉은 먹구름에는 햇살 한 줌의 기미

조차 보이지 않았다.

'도대체 태양은 언제 나타나는 거야.' 기상청에서는 해가 난다는 말을 한 적이 없지만 (당연히 강수량 0밀리미터가 꼭 화창한 날씨를 뜻하지는 않는다) 나는 왠지 속은 기분이었다. 결국 하늘을 곁눈질하는 사이 "삐~" 알림음과 함께 세탁조가 회전을 멈췄다. 바깥을 흘끗 보았다. 하늘은 무심히 어두웠다. 밝아질 의지조차 없는 결연한 흐림이었다. 그러나 나는 어리석은 믿음을 버리지 못했다.

'날씨는 변화무쌍하고 기적이라는 것도 있으니까.'

불안한 마음을 다스리려 빨래 널기에 집중했다. 셔츠를 옷걸이에 끼우기 전 힘주어 탁탁 털었다. 이렇게 하면 다림질할 필요가 없어진다. 티셔츠도 마찬가지다. 털지 않으면 잔주름이 생겨서 입을 때 쭈글쭈글해진다. 그 사이 창밖에서는 소리 없이 가랑비가 내리기 시작했다. 이것이 3밀리미터의 정체 같았다. 기상청은 틀리지 않았다.

"밖에 무슨 일 있어? 왜 자꾸 베란다에 들락날락해."

"비가 와서. 자기도 기상청 예보 같이 봤잖아."

"응, 0~3밀리미터 온다고 했지."

"그러니까. 이상하잖아. 해가 안 떠."

"해가 뜬다고 하지는 않았잖아. 비가 적게 온다고 그랬지."

"그게 그 말 아니야?"

나는 괜히 화가 났다. '왜 이렇게 장마가 오래가는 거야!' 두 달 동안 쌓인 스트레스가 폭발할 것 같았다. 그러나 생각하면 생각할수록 나만 바보였다. 나는 안 될 줄 알면서도 아내에게 말했다.

"자기야. 우리 의류건조기 사자. 가스 타입도 괜찮아."

아내는 내 눈을 지그시 바라본다. 그 눈빛에는 '절대로 건조기는 안 사기로 했잖아'라는 메시지가 담겨 있다. 이제 아내는 섣불리 화내지 않는다. 수년째 반복되는 나의 짜증에 도가 튼 것이다. 나는 이번에야말로 아내를 설득하고 말겠다는 의지를 다지며 차분히 주장을 펼쳤다. 의류건조기를 구매하자는 내 주장의 근거는 다음과 같다.

하나, 장마철 빨래 처리가 몹시 힘들다. 기상 여건에 따라 빨래를 처리하느라 많은 정신적 에너지를 소모한다.

둘, 위생적이다. 의류건조기에는 이불의 먼지를 제거하는 기능이 있고(나와 첫째 아이는 아토피가 조금 있다), 옷감을 뽀송뽀송하게 건조해 세균 번식을 막는다.

셋, 시간을 절약할 수 있다. 빨래를 건조대에 널기 위해서는 시간과 품이 든다. 맞벌이 가정에서 시간은 금과 같다. 가사노동량을 줄이고 여가를 더 누리기 위해서 의류건조기는 필수다.

넷, 우리 가계 건전성은 상당히 양호하다. 구입 비용은 문제가 되지 않고, 전기 사용량도 동일 면적 다른 가구보다 20퍼센트가량 적으니 고효율 제품을 고르면 괜찮다.

아내는 내 말을 듣고도 돌부처처럼 꿈쩍도 하지 않았다. 이윽고 반론이 시작된다.

하나, 장마철 빨래 처리가 힘들면 요리와 역할을 바꾸어 내가 빨래를 담당하겠다. 당신(즉 남편인 나)이 요리를 하라.

둘, 태양 자외선은 천연 살균기다. 이불의 먼지는 다른 방식으로 털 수 있고, 옷감의 뽀송뽀송함은 빨래 담당자의 부지런함으로 해결할 수 있다. 소량 빨래를 자주 하면 세균 번식 걱정을 하지 않아도 된다.

셋, 편리함만 추구하다 보면 자원의 생산 및 물건 제조, 운송 과정에서 발생하는 자연파괴를 도외시할 수 있다. 선진국의 생활양식은 지구를 착취하고 오염시키는 결과를 초래한다. 조금 불편해도 우리 지구가 후대까지 존속될 수 있도록 불필요한 소비를 줄이고, 수고로움을 감수할 필요가 있다. 윤리적으로 옳다는 믿음을 가지고 자부심을 느끼자.

넷, 물건 구입과 가계 건전성은 크게 상관관계가 없다. 돈이 많다고 물건을 대량으로 사는 건 소비주의적인 관점이다. 우리는 이미 풍요롭다. 그럼에도 돈을 쓰는 건 광고의 부추김에 우리가 길들여진 영향이 크다. 코로나가 무분별한 개발로 인한 야생동물 서식지 침범과 연관이 있다는 사실을 잊으면 안 된다. 소비 자체를 줄여야 한다.

나는 깊은 한숨을 내쉰다. 이론적으로 아내를 당해낼 수 없다. 그리고 조금만 깊이 성찰해보면 자연보호와 다음 세대를 위해서 소비를 줄이는 게 옳다는 결론에 이르게 된다. 결국 나는 의류건조기 구입 의사를 철회했다. 아내는 "나마스떼"라고 조용히 읊조리며 합장했다.

3년째 반복되는 의류건조기 입씨름. 데자뷔 현상처럼 매해 똑같은 논리가 오가고, 똑같은 결론이 도출된다. 나는 질 걸 알면서도 욕구불만의 정점에서 여지없이 "의류건조기 사자"라고 외친다. 다들 의류건조기 사고, 로봇청소기 사고, 텔레비전 사

고, 김치냉장고 사고, 의류관리기 사고, 식기세척기 사고, 잘만
사는데 왜 우리만 이렇게 복잡하고 어렵냐고 토로하기도 한다.

"우리 부부 한 쌍이 안 쓴다고 세상이 변하니. 적당히 좀 문
명을 누리자."

"기록으로 남길 수 있잖아. 우리 기록에 동의하는 사람을 한
사람 두 사람 늘려갈 수 있잖아. 그럼 세상이 변하는 거지. 그리
고 우리는 이미 문명을 누리고 있어. 컴퓨터 있지, 아이패드 있
지, 에어프라이어 있지, 냉장고 있지, 스마트폰 있지. 전자레인
지 있지. 누가 들으면 원시인처럼 사는 줄 알겠네."

후, 나는 도저히 아내를 이길 수 없다. 내 마음이나 잘 다스려
야지. 피스piece.

3.

누가 뭐라 해도

흔들리지

않는 법

나는
평범한 살림을
하고 있습니다

이건 궁상일까, 절약일까?
나는 질문에 답하지 않기로 했다.
평범한 살림살이일 뿐이다.
오히려 그를 가늠하는
사회의 시선 자체가 폭력적이다.

예전 같으면 벌써 버렸다. 2만 원도 채 하지 않는 아이 원피스 한 벌일 뿐이었다. 이 옷에는 사소한 흠이 있어 사놓고도 입지 못했다. 옷에 붙은 태그가 문제였다. 이 원피스를 입을 때마다 아이는 목 뒤를 깔끄러워했다. 고작 태그 때문에 엄살인가 싶어, 내 목에도 대어봤는데 태그가 꽤 거칠었다. 아이가 싫어할 만했다.

아파하는데 입힐 수는 없는 노릇이지만 덥석 버리지 못하고 미련이 남았다. 새 옷을 사는 게 어렵지는 않았다. 가격은 싸고, 손가락 몇 번 움직이면 다음 날 바로 현관 앞에서 새 옷을 받을 수 있었다. 커피 세 잔 값, 외식 한 끼 값이면 싼 옷을 빠르고 쉽게 소유할 수 있었다. 쉬운 일이었으나 버릴 수 없었다. 구매가 쉽다고, 버리는 것도 쉬워야 하는 걸까? 옷이 멀쩡하니 새 옷을 구매하고 싶지 않았다.

반짇고리를 꺼냈다. 비루한 바느질 실력이나마 써먹어봤다. 얼룩이 져서 버리려던 회색 내복 바지를 잘라 태그 위에 덧대어 홈질로 촘촘하게 박았다. 홈질 간격도 길었다가 짧았다가

엉성했고, 삐뚤빼뚤했다. 못생긴 실 자국 때문에 아이가 창피할까 봐 최대한 짧게 바느질하고 갈무리했다. 보드라운 천으로 태그 부분을 덮고 나자 드디어 옷 한 벌을 살렸다! 이게 뭐라고 어찌나 흡족하던지, 노래도 흥얼거리며 사진을 여러 장 찍었다. 그리고 새 옷을 사준 것처럼 아이가 제발 그 원피스를 직접 골라 입기를 남몰래 기다렸다.

이건 궁상일까, 절약일까? 나는 질문에 답하지 않기로 했다. 평범한 살림살이일 뿐이다. 실제로도 많은 사람이 아이가 불편해하거나 입지 않는 옷을 자기 나름의 방식으로 다시 사용한다. 나는 오히려 궁상인지, 절약인지 가늠해야 하는 사회의 시선 자체가 몹시 잔인하고 폭력적이라고 생각한다.

어느샌가, 우리 사회는 빈곤을 일종의 '처벌'로 여기고 있다. 능력주의라는 거창한 이름의 담론이 어떤 가정에서 태어났든 돈 많이 벌고 출세하는 건 개인의 노력에 달려있다고 단언한다. 반대로 가난은 노력 부족에 대한 응당한 대가다. 공부를 덜 해서, 성실하게 일하지 않아서, 당신을 키운 부모가 양질의 육아를 하지 않아서.

편견은 다시 편견으로 거듭난다. 위험하거나 열악한 노동환경조차 마땅하다고 여긴다. 코로나로 늘어난 택배 물량을 감당하지 못해 과로사한 택배 노동자, 사회적 거리두기 수칙 때문에 가게를 정상 운영할 수 없어 수입이 급격하게 줄어든 자영업자까지. 우린 이런 일들에 슬퍼하기는 하지만 분노하지 않는다. 그런 일자리를 둔 본인의 사정일 뿐, 사회적으로 구제해야 한다는 합의에 도달하지 못한다.

코로나라는 특수한 상황 때문에 자기 살길은 자기가 꾀해야 했던 걸까? 그렇지 않다. 은유 작가는 저서 《알지 못하는 아이의 죽음》에서 특성화고 학생들의 죽음을 다룬다. 특성화고 학생들은 매스컴을 통해 종종 호명되며, 그때마다 성적이 낮고 가정이 불우한 아이들로 묘사된다. 사람들은 점점 특성화고 학생들을 보며 원래 불우한 아이들이고, 미래에 불우해도 이상하지 않다고 생각한다. 학생들 입장은 안됐지만 사회구조가 변하기 전까지, 우리는 너희를 연민하거나 무시하는 수밖에 없다고 말한다.

특성화고 아이들은 고등학생 생태계에서 서열이 낮다. 그 순위는 사회가 매겨두었다. 능력주의에서 말하는 '능력'에 수능 성적은 있지만, 엔지니어 기술이나 파티셰의 자질은 없다. 외부의 시선은 차갑고, 특성화고 학생들은 실습에 나가자마자 열악한 노동환경에 맞닥뜨린다.

베테랑 직원 중 누구도 들어가지 않으려 했던 고장 난 기계가 있었다. 고故 이민호 군은 생수 컨베이어 벨트와 적재 기계 사이로 들어갔다. 심지어 민호 군은 갈비뼈 골절 치료를 받고 회복하던 중이었다. 아파서 휴가 낸 고등학생 아이를 구태여 불러 기계를 고치도록 했다. 특성화고 아이들은 이게 부당한 상황인 줄도 몰랐다. 자기를 지킬 힘이 없었다. 결국 민호 군은 직원들이 현장 실습생에게 위험한 일을 떠넘긴 그날 뇌사 상태에 빠졌고, 병상에서 일주일을 버티다 부모 곁을 떠났다.

능력주의는 여전히 가난함 그리고 매번 다치고 생사를 오가는 노동환경이 개인의 노력 부족 때문이라고 말한다. 그 능력주의란 이 시대를 살아가는 우리 개개인이 갖고 있는 태도의 합의다. 오토바이 뒤에 배달할 물건을 넣고 빠르게 도로 사이를 달리는 어린 청소년들을 보며 여전히 "한창 공부할 나이에, 쯧" 하고 혀를 차고 있다면 생각해보자. 공부보다 생계를 택한 아이들에게 과연 노력 부족이라 몰아세울 수 있는 것인가.

'노력한 만큼 대가가 따른다' '하면 된다' 정신은 성적과 재산으로 사람을 이분하는 잔인한 셈법이다. 너무 익숙해서 이게 이상한가 싶지만, 이마저도 거짓임이 속속들이 밝혀지고 있다.

리처드 리브스Richard Reeves는 저서 《20 vs 80의 사회Dream Hoarders》를 통해 계층 대물림의 원인을 중상류층의 기회 사재기에서 찾는다. 소득 분위를 기준으로 중상류층 학생들이 더 나은 노동환경, 더 높은 연봉, 때로는 내로라하는 대학교 입학에 성공할 수 있는 이유는 중상류층의 반경쟁적인 기회 사재기 때문이라는 것이다. 공부 실력과 재산은 100퍼센트 개인의 노력 덕분이라고 볼 수 없다는 뜻이다.

미국의 경우 여전히 거액의 기부금을 내면 명문대에 들어갈 수 있다. 취업 시장도 마찬가지다. 대기업에서 공채보다는 알음알음 인턴부터 시작한다. 부모 마음 다 똑같다. 부모가 능력 있으면 자식도 편하게 살게 해주고 싶다. 그러나 그것은 과연 능력주의에 비추어 공정한가. 그렇지 않다. 능력주의는 건재한가. 이제는 아닐지도 모른다.

하버드대학교 교수 마이클 샌델은 《공정하다는 착각》에서 더 직설적으로 말한다. 능력이 아니라 '운'이라고. 나의 성공이 '운'이라는 것을 인정하고 겸손해질 때 비로소 능력주의의 폭정을 멈추고 공공선을 이룰 수 있다고.

물건과 재산으로 자신을 증명하고, 물건과 재산으로 타인을 판단하려는 시도들이 누적되면 그게 능력주의다. 이런 태도는 본의 아니게 가난하고 힘없는 사람들에게 차별로 돌아간다. 온전한 개인으로 고유한 주체가 되는 민주주의는 망가지고, '특성화고 출신' '인문계 출신' '소득수준 하위 20퍼센트' '소득수준 상위 20퍼센트'로 나누어 쳐다보게 된다. '빈곤은 개인의 누적된 행동에 대한 처벌이다'라는 왜곡된 인식이 연장되어 사람들은 궁상을 쉽게 조롱하고 깔본다.

현실이 이러하니, 우리는 타인의 시선으로부터 안전하기 위해 소비한다. 오래전 신문 만평에 초가집 사립문을 닫고 나왔지만 옷을 고급스럽게 차려입은 세련된 아가씨가 외출하는 삽화가 있었다고 한다. 어떤 옷을 입었느냐에 따라 대접이 달라지고, 어떤 대접을 받느냐에 따라 자존감과 그날의 기분이 달라지니 무리해서라도 좋은 옷을 입는 것이다. 의복의 사회화이자 과소비의 시작이었다.

나도 의복의 사회화와 과소비를 꾀하며 살았다. 내 옷과 구두, 가방에 신경을 많이 썼다. 차려입은 날 기분이 좋은 건 자기만족보다 타인에게 비친 내 모습에 모자람이 없었기 때문이다. 사회적 시선으로부터 나를 지키면서 동시에 나 또한 타인을 바라볼 때 차림새를 보았다.

어린이집에 큰아이를 처음 보낼 때도 아이에게 유명 브랜드 옷만 입혔다. 평소 입히기 편하지만 허름한 옷은 가족끼리 있을 때나 입히고, 어린이집에 등원할 때는 아이 차림새에 신경을 썼다. 이상한 일이었다. 입은 옷보다 지혜의 지평이나 선한 행동이 아이를 더 나은 삶으로 이끌어줄 텐데, 사람들은 내 아이가 무엇을 입었는지, 내가 어디에 살고, 무슨 차를 타는지, 어떤 직장에 다니고, 가진 돈은 얼마인지에 더 관심을 기울였다.

나는 더 이상 우리 사회가 '이건 궁상이다' '이건 절약이다'라고 이분하지 않기를 바란다. 그래서 나는 작은 실천으로써 있어만 보이는 텅 빈 삶보다 절약을 자랑한다. 물건을 고쳐 쓰는 나의 일상을 능력주의에 반대하기 위한 전시장으로 이용한다. 옷 솔기가 뜯어지면 꿰매 입고, 스타킹에 구멍 나면 바느질로 기워버린다. 몸이 더 이상 자라지 않는 우리 부부의 의복비 예산은 6개월에 각각 10만 원이다. 아이 옷은 가급적 수선해서 입히고 둘째 옷은 거의 물려 입힌다. 그리고 기왕이면 사진으로 찍어 SNS에 자랑한다. 까끌거리는 아이 옷의 태그를 떼어 바느질해 입히는 게 보통의 삶이란 걸 자꾸자꾸 떠든다. 내가 가진 물건이나 소비 습관이 아닌 다른 무언가로 나를 설명하면서 멋지게 살고 싶다.

우리가
잘 모르는
진짜 보통의 삶

통계는 말한다.
'남들처럼' 산다는 미디어의 삶이 허구였음을.
상위 20퍼센트의 삶만이 '정상'이고
'평균'은 아니지 않나.

◇◇◇

하루 식비 1만 5,000원. 애 둘을 키우는 4인 가족이 한 달 45만 원으로 먹고 살고 있다고 하니, 주변 걱정이 이만저만이 아니다. 가까이에서 우리 부부를 마주하는 사람들은 그렇지 않지만, 나의 연재 기사를 접한 독자들은 댓글로 안타까움과 궁금함을 전했다.

"절약 팁 잘 봤습니다. 근검절약도 좋지만 인생 가는 데 순서 없으니 적당히 즐기며 사는 것도 한 번뿐인 인생에 큰 선물이지 않을까 생각이 드네요."

"4인 가족이 어떻게 식비가 45만 원밖에 안 들어가지? 과일도 안 먹고 진짜 밥과 김치만 먹는 건가?"

댓글에는 점점 '궁상'이라는 의견과 조선 시대 물가를 갖고 와서 '사기'를 치는 게 분명하다며 음모론까지 펼쳐졌다. 조롱과 염려를 넘나들며, 나의 살림이 지나치게 하류 지향하고 있다고 단정했다.

그러나 통계는 말한다. 많은 사람의 하루 식비는 1만 5,000이어도 충분하다고. 2020년 1분기에 통계청이 발표한 소득분위

별 평균 월소득을 보자. 소득분위란 소득을 일정한 기준에 따라 나눈 등급이다. 소득 5분위는 소득수준 상위 0~20퍼센트, 소득 4분위는 20~40퍼센트로 생각하면 된다. 소득분위 숫자가 클수록 소득이 많다.

대한민국 중간 소득분위인 3분위(소득수준 상위 40~60퍼센트)를 보자. 한집에 평균 3.11명이 살고, 세대주 연령은 평균 49.2세다. 한 달 평균 근로소득 277만 9,589원을 벌고, 사업소득 114만 3,192원을 번다. 합치면 392만 2,781원이다. 세금을 뗀 후 처분가능소득은 374만 7,118원이다. 가구소득이기 때문에, 한 명이 버는 돈이 아닐 수 있다. 부부 모두 돈을 번다고 해도, 한 달에 370만 원 버는 가구가 대한민국 인구의 20퍼센트를 차지하는 것이다.

소득 4분위(소득수준 상위 20~40퍼센트)도 마찬가지다. 한 집에 평균 3.35명이 살고, 세대주 연령은 평균 48.99세다. 한 달 평균 근로소득 448만 3,470원을 벌고, 사업소득 108만 6,022원을 번다. 합치면 556만 9,492원이다. 마찬가지로 세전 금액이므로 세금을 떼고 나면 더 적다. 처분가능소득은 507만 1,364원이다. 맞벌이라면 아내와 남편 각각 250만 원씩 번다는 의미다.

대한민국 소득 1~4분위인 사람들은 전체 인구의 80퍼센트다. 하지만 미디어에 비춰지는 소비 수준은 전체 인구의 20퍼센트인 소득 5분위의 삶이다. 월평균 근로소득 812만 7,249원에 평균 월 사업소득 152만 6,345원인 대한민국 상위 20퍼센트의 삶 말이다.

통계를 보면 '남들처럼' 산다는 미디어의 삶이 허구였음을 알 수 있다. 상위 20퍼센트의 삶만이 '정상'이고 '평균'은 아니지 않나. 그들이 말하는 삶의 모습에 따르면 30평대 아파트 한 채, 최소한 중형차 한 대, 에어프라이어에 로봇청소기, 식기세척기, 의류건조기 모두 갖춰야 한다. 계절별로 한 번씩 새 옷을 들이고 잦은 외식과 남들 하는 사교육까지 다 해버리면, 소득 4분위의 평균 월소득으로도 저축하기 어렵다.

난 대단한 절약가라 할 수 없다. 극단적으로 절약한 게 아니라 그저 버는 돈보다 적게 쓰며 살았을 뿐이다. 최대한 돈을 덜 쓰는 다양한 노하우를 가진 절약 고수나 100만 원을 200만 원으로 불리는 재테크 고수도 아니다. 소득수준에 맞춰, 남들처럼 산다. 무를 얻으면 무청을 말려 시래기를 삶고, 이웃이 나눠준 청국장을 살뜰하게 끓여 먹고, 두툼한 돼지 앞다리살을 된장에 풀어 수육을 한다. 샤워 퍼프가 봉긋한 옛 모습을 잃어도 계속 쓴다. 빨래 건조대가 고장 나도 창문에 기대어 쓴다. 외식은 아프거나 장시간 외출했을 때뿐이다.

막상 해보니 전혀 어렵지 않고 불편하지도 않다. 그저 남들의 시선을 걱정하지만 않으면 된다. 물건을 새로 사는 기준은 늘 '나'의 편리와 불편이 되어야 한다.

소비는 전염된다. 광고와 SNS에 노출되는 고소득 고지출의 소비도, 번 돈보다 적게 쓰고 남는 돈을 차곡차곡 저축하며 사는 진짜 '남들처럼' 살아가는 소비도. 그래서 절약하자고 목소리를 높이고 싶다. 각자의 삶에서 겉치레를 벗어버리고, 이웃에게 '있어 보이는 삶'에 대한 부담을 줄여주는 건 어떨까. 진짜 남들 같은 소비가 표준이 되는 진솔한 시대를 꿈꾼다.

낡은 티셔츠를 입고
꿈에서
돌아다닌 사연

좋아하지도 않는 물건 때문에
쇼핑몰에서 쭈뼛거리는 건 더 이상 그만하려 한다.
소비 자체에서 즐거움을 얻는 쇼핑인지,
필요해서 소비하는 구매인지
생각하며 돈을 쓰고 싶다.

◇◇◇

터울 짧은 두 아이 육아 만 3년째. 정신이 너덜너덜해질 즈음 4박 5일 여행을 제안받았다. 결혼하자마자 가족들과 매달 6만 원씩 5년 모은 돈으로 괌에 가자는 얘기였다.

어른 다섯 명의 왕복 비행기삯만 300만 원인 거한 나들이를 고작 먹고, 자고, 노는 데 쓰자니 내키지 않았다. 그렇다고 가족 여행비를 노는 데 쓰지, 일하는 데 쓸 수는 없는 노릇! 결국 2019년 1월에 괌으로 향하는 비행기에 몸을 실었다. 한국에서는 못할 특별한 경험을 바라면서 말이다.

상상 속 휴양지와 현실의 휴양지는 달랐다. 깔끔한 수영장과 더 깔끔한 리조트만 즐비할 줄 알았다. 리조트 정문을 나서면 세련된 인테리어로 꾸며진 디저트카페와 패밀리레스토랑이 죽 늘어선 거리를 꿈꿨건만, 이게 웬걸. 꾸밈없는 투박함을 제대로 만났다.

간판 색이 바랜 건 기본. 벽에 살짝 금 간 건 애교. 닳고 닳아 울퉁불퉁해진 식당 테이블 위에 겹겹이 덧바른 니스칠이 보였다. 하얗게 페인트칠하고, 얇은 유리 창문을 단 단층 건물들이 줄 지어있는 꽌의 거리를 보며 시어머니는 유년의 부산 골목길을 회상하실 정도였다.

투박한 건 건물뿐만이 아니었다. 옷차림도 마찬가지였다. 수영장에서 래쉬가드든, 비키니든, 원피스 수영복이든, 티셔츠에 반바지든, 취향껏 옷 입은 사람들의 언어는 모두 달랐다. 남들처럼 입기보다 자기만의 스타일을 고수했다. 꽌에서는 유행 따윈 상관없어 보였다.

내가 사는 한국은 어떤가. 뒤처지지 않기 위해 옆 건물 모양을 따라 새로 상가를 짓고 옆 사람처럼 옷을 입는다. 유행을 따르는 시선은 지난해의 예쁨과 올해의 예쁨을 구분 짓는다. 멀쩡하던 600리터 상하형 냉장고도 900리터 양문형 냉장고가 나온 뒤론 구닥다리 취급을 받는다. 새로운 유행은 지난날의 물건을 초라하게 만든다.

그러나 30년 전 건물 스타일에 30년 전 패션이 흔한 꽌에는 유행보다 저마다의 스타일이 있었다. 못난 사람도, 뒤처지는 사람도 없었다. 대신 친절한 사람, 표정이 편안한 사람, 웃으며 농담하는 사람들이 있었고, 그들은 어딜 가나 돋보이고 아름다웠다. 좋은 물건보다 사람이 주인공인 듯했다.

좋은 옷을 입거나 신형 차를 몰아야 돋보일 것만 같은 한국의 소비문화와 비행기로 네 시간 떨어진 거리만큼이나 멀어졌다. 상상하던 휴양은 아니었지만, 노동과 소비가 없는 나날 속에 안락했다. '역시 삶의 행복은 돈 말고 여유로운 마음에 있지'라고 생각했다. 그 일이 있기 전까지.

보풀 살짝 인 허름한 티셔츠에 검은색 리넨 반바지를 입고 운동화를 구겨 신더라도 마음 편한 나날이 계속됐다. 소비문화에서 벗어나니 자유로웠다. 여행 3일째 아침. 바로 그 '흐물거리는 낡은 티셔츠에 반바지'를 입고 숙소를 나섰다. 쇼핑몰에 가기로 한 날이었다.

아울렛에 들어섰다. 매끈한 빨간 가죽가방을 보자 잊고 있던 감성이 되살아났다. 쇼핑몰 밖에서는 새 물건 없이도 아무렇지 않았는데 여기에선 달랐다. 아름답고 질 좋은 물건들의 주인이 되는 순간 비로소 웃을 수 있을 것 같았다. 분명 숙소를 나설 때까지만 해도 새 가방은 전혀 필요하지 않았다. 그런데 가방을 보니 갖고 싶은 마음이 들었다. 그래도 안 된다. 이번 달 예산에는 없는 돈이다. 예산에 없다는 것은 저 가방이 나에게 사치라는 걸 방증한다. 결국 쇼핑을 시작한 지 얼마 안 돼 '어차피 난 못 사'라는 생각에 돌연 피곤해졌다.

잘 차려입은 사람들 사이에서 당혹감을 느끼기도 했다. 쇼핑몰에서는 유행에 걸맞게 입어야 당당할 수 있었다. 유행에 맞지 않는 보풀 인 티셔츠와 반바지는 쇼핑몰의 어떤 물건과도 어울리지 않았다. 아무도 내게 관심조차 없었지만, 이미 나는 자의식과잉 모드로 돌입한 상태였다. 긴장되고 뻣뻣해졌다.

돈에서 자유로워진 줄 알았는데 착각이었다. 쇼핑몰은 절약가에게 편한 공간이 아니었다. 아무것도 사지 않아도 잘 놀며 지냈는데, 갑자기 소비와 절약 사이에서 팽팽한 갈등이 일었다. 면 좋은 나이키 티셔츠를 보니 오래된 내 셔츠 때문에 불행해졌다. 새 티셔츠를 진열하지 않은 해변에서는 못 느낀 감정이었다.

자존심이 상했다. 선물 몇 개만 사서 허겁지겁 쇼핑몰을 나왔다. 온갖 물건이 안 보이고 나서야 비로소 편해졌다. 괌에선 '패션'은 없고 '스타일'만 있다고 생각했던 나는 어디로 간 걸까. 뭘 입든 제멋에 겨워 당당해도 될 텐데 쇼핑몰에선 왜 그랬던 걸까.

쇼핑몰에서 굴욕을 느낀 다음 날, 남부 언덕에서 자유를 느꼈다. 괌 남부의 언덕에는 리조트도 없었고 상가도 없었다. 듬성듬성 떨어져 사는 현지인들의 몇몇 주택 외에는 야생 그 자체였다. 다시 패션 말고 스타일만 남았다. 여긴 절약에 무해한 공간이었다. 즐거움은 오직 땅에 떨어진 야자열매를 돌에 부딪쳐 깨부순 후, 빨대를 꽂아 코코넛주스를 마시는 일뿐이었다. 소비와는 전혀 상관없었다.

물건을 살까 말까 갈등조차 일지 않았다. 무엇보다 상점이 흔하지 않았기 때문이다. 운명처럼 내 눈앞에 나타난 빨간 가죽가방을 애써 외면해야만 할 때는 절약을 계속 떠올려야 했는데, 상품이 눈에 보이지 않으니 절약해야겠다는 결심조차 서지 않았다. 절약도 물건에 대한 욕망이 강할 때 하는 일임을 깨달았다.

자연에서는 갖고 싶은 물건 대신 하고 싶은 경험이 생겼다. 얕고 잔잔하고 따뜻한 괌의 맑은 바다에서 물안경 너머로 보이는 색색이 산호와 열대어들, 이국적인 야자나무와 파란 하늘, 대체 이게 뭐라고 나는 한참을 감동했다. 그리고 산책하고 싶고, 바닷물에 발을 담그고 싶고, 풀밭 위에서 맥주 한 캔에 책을 읽고 싶으면? 했다. 마음껏 하고 쉽게 만족했다. 기분 좋고 노곤하게 보내는 나날의 연속이었다.

그런데 쇼핑몰에서는 그럴 수 없었다. 나는 이것도 사고 싶고 저것도 사고 싶은데 정해둔 예산으로는 살 수 없으니 갖고 싶은 물건 앞에 물끄러미 서있어야 했다. 참아야 했다. 뭐지, 이상실감은.

한국에서는 매일 한 달 예산에서 남은 돈을 헤아리며 살았다. 절약 의지를 다져야 했기 때문이다. 한국은 마치 거대한 쇼핑몰이나 다름없었다. 발 디디는 걸음마다 돈을 쓰면 뭐든 살수 있는 곳. 카드만 주욱 긁으면 무無에서 유有가 창조되는 기적이 일어나는 곳. 결제의 기적이 행복으로 치환되는 세계. 그곳이 한국이었다. 한국에 있어서 몰랐을 뿐이다.

우리는 온갖 상품에 둘러싸여 사는 탓에 필요한 물건을 필요할 때 '구매purchase'하는 게 아니라, 우연히 마주친 멋진 물건을 욕망하며 '쇼핑shopping'하게 된 건지도 모른다. 필요해서 사는 게 아니라 눈앞에 보이는 물건을 통해 행복해지고 싶어 지출한다. 하지만 물건이 진열된 길을 따라 걸으며 산책하는 쇼핑몰에는 산들바람이 불지 않는다. 옆에 개천이 흐르지도 않고, 눈앞에 산이나 바다도 없다. '집 밖으로 나가면 다 돈이다'라는 뻔한 말이, 아이러니하게도 집 밖에서 돈 쓸 일 없던 곳에서 더욱 와닿았다. 이 말은 한국인이 즐기는 관용어구나. 자연환경이 풍부하고 상점이 적은 곳에서는 안 통하는 말이었다.

좋아하지도 않는 물건 때문에 쇼핑몰에서 쭈뼛거리는 건 더이상 그만하려 한다. 거대한 쇼핑몰이나 다름없는 거리에서 쇼핑을 안 하는 건 쉽지 않을지 모른다. 그러나 물건이나 돈에 끌려다니고 싶지 않다. 소비 자체에서 즐거움을 얻는 쇼핑인지, 필요해서 소비하는 구매인지 생각하며 돈을 쓰고 싶다. 물건 말고 다른 즐거움을 알아버린 사람은 더 이상 물건에 매력을 잘 못 느낀다. 에어컨 바람보다 뜨거운 햇볕에 온몸을 맡긴 채 말없이 먼 산을 바라보며 쉬는 게 더 좋다.

괌이 아름다운 이유는 쇼핑몰이 특정 장소나 건물에만 모여 있기 때문일 것이다. 괌의 평범한 거리에서는 물건을 전시한 상점보다 넓은 하늘과 자연, 소소한 동네의 모습을 더 자주 볼 수 있다. 약간의 노력을 들인다면 괌의 여유를 한국으로 가져올 수 있다. 씀씀이와 상관없는 즐거움을 발견할 수만 있다면 말이다. 오히려 삼시 세끼 잘 먹고, 잘 자고, 책 읽고 산책하기만 해도 좋은 세상을 '쇼핑몰 한국'이 가리고 있는 건 아닌지 의심스럽다.

2030년, 2040년에도 유행에 맞지 않는 티셔츠와 바지를 당당하게 입으며 살아가고 싶다. 무엇을 입든 상관없는 사람은 얼마나 자유로울지! 산책과 대화, 아름다운 자연환경만으로 즐거운데 구태여 쇼핑과 물건으로 스트레스받고 싶지 않다. 소소한 산책은 제멋에 겨운 옷만 입어도 할 수 있으니 말이다.

외로울
때마다
함께하는 힘

외로울수록 글을 썼다.
글을 쓰는 사람도 읽는 사람도
작은 온라인 공간에서 위로했고 위로받았다.
외로운 절약가들에게 필요한 건,
함께하는 사람의 목소리였다.

◇◇◇

일주일 동안 돈 한 푼 안 쓰는 무지출 도전을 할 때 있었던 일이다. 돌도 안 된 큰아이를 힙시트로 안고 산책을 하는데 친구를 만났다. 도서관 책 읽기 프로그램에서 만난 아기 엄마로, 나이도 동갑인 데다가 애들 데리고 땀 흘리다 보면 나름의 전우애가 생기는 법. 3개월짜리 짧은 인연이었는데도 너무 반가웠다. 그 친구가 말했다.

"애 키우는 거 많이 힘들지. 엄청 피곤해 보인다."

맞다. 나는 그때 엄청 피곤했다. 신생아를 키울 때보다 다크서클이 더 깊게, 더 아래로 내려와 있었다. 외로워서 힘들었다. 절약을 하면 할수록 자주 외로웠다. 베란다 바닥재로 쓰고 싶은 이케아 원목 타일을 안 사고 참고 있는 걸 남들이 알 턱이 없는데 왜 그렇게 눈치가 보였을까. 돈 안 쓰는 내 모습을 남들이 다 쳐다보는 것만 같았다. 오늘 한 푼도 쓰지 않았다는 게 자랑스러우면서도 부끄러웠다. 안 하던 짓을 하려니 감정과잉이 되기 일쑤였고, 자주 외롭고 피곤했다.

베란다 타일이 없어서 불편하진 않았다. 그냥 외로웠다. 예전에는 쉽게 사던 물건이었는데 이제는 사지 않았다. 전과 달라진 나는 돈만 있으면 편하게 살 수 있는 세상과 동떨어진 것 같아 당혹스러웠다. 부끄러움과 외로움, 당혹감, 감정의 무게를 견디는 일이 돈 덜 쓰는 일보다 힘들었다.

나를 나무라는 사람은 아무도 없었다. 그러나 바깥세상의 온갖 물건들과 광고들은 나를 보고 '넌 남들처럼 못 산다'라고 말을 건넸다. 특히 대도시로 갈수록 더 그랬다. 예쁘고 멋지게 꾸민 사람들 사이에서 괜히 주눅 들었다.

'그냥 다 사고 싶다. 돈이 없는 것도 아닌데 왜 이러고 있는 거야.'

다이어트할 때와 비슷했다. 식당에서 사람들이 실컷 음식을 즐기는 모습을 보면, 나만 괜히 열심히 살 빼고 있나 싶어 의지가 꺾였다. 그나마 다이어트는 확신이라도 있다. 식단 조절과 운동으로 오는 건강한 몸은 누가 보기에도 참 좋은 결과물이었다.

그런데 소비 절제는 달랐다. 내가 맞는지에 대한 확신이 없었다. 화려한 쇼핑몰로 들어가면 들어갈수록 스스로가 궁상맞게 느껴졌다.

이케아 타일을 깔아서 베란다를 더욱 쾌적하게 쓰는 게 정답이면 어쩌나. 프라이팬에 생선을 굽는 것보다 생선 굽는 기계에 구우면 기름기 쫙 뺀 건강한 생선구이를 먹을 수 있는데, 과연 프라이팬이 생선 굽는 기계보다 낫다고 할 수 있을까. 어떤 물건이든 쓸모가 있는데, 그 쓸모를 거부하는 절약 생활이 과연 옳은 것일까. 돈을 쓰더라도 좋은 물건을 사서 좋은 삶을 누리는 것이 올바른 선택이 아닐까.

사실 알고 있다. 베란다 타일 깔지 않아도 자주 빗자루로 쓸기만 하면 충분하고, 프라이팬에 기름을 둘러 새치를 구워 먹으면 껍질까지 고소하고 바삭하다. 비록 다양한 물건의 쓸모를 전부 누릴 수는 없지만, 물건을 소유하지 않는 게 공간과 노동을 쾌적하게 누리는 면에서 더 나을 수도 있다. 베란다 타일은 자주 들어 닦아줘야 할 테고, 생선 굽는 기계는 따로 설거지를 해줘야 하고 수납공간 한 편을 떡하니 차지할 것이다.

나는 그냥 외로웠기 때문에 절약에 확신을 잃었던 것이다. 외로울수록 블로그에 글을 썼다. 블로그 이웃들은 공감을 해주고, 댓글로 응원해주었다. 그들도 외로웠나 보다. 절약하는 삶, 적게 소유하는 삶을 좋아하지만 외로울 수 있다. 그래서 부지런히 집밥을 짓고 면생리대를 손빨래하고 바닥을 빗자루로 쓰는 블로그 글을 쓰고 읽으며 마음을 추슬렀다. 글을 쓰는 사람도 읽는 사람도 작은 온라인 공간에서 위로했고 위로받았다.

절약을 굳게 믿고 싶을 때는 책에게 더 자주 마음을 기댔다. 불필요한 물건을 비우고 사치를 절제하며 이웃과 나누고 집밥을 짓는 작가들의 일상에 마음이 편해졌다. 동시에 작가들은 소박한 삶이 친환경적이고 진보적이며 자본주의 사회의 병폐를 해소한다고 격려해줬다.

읽고 쓰고 연대한다. 그렇게 처음 느꼈던 피곤함과 민망함을 잊었다. 점점 자신감이 생겼다. 최소한의 소비 도전을 하는 지금은 덜 외롭다. 아니, 솔직히 덜 외롭다기보다는 당당하다. 절약하는 내 삶이 떳떳하고 자랑스럽다. 처음이 외롭다고 끝까지 외롭지는 않았다.

오늘도, 내일도 덜 쓰는 삶에 대한 글을 쓰고 읽는다. '소비하라!'는 구호는 도처에 널렸지만, '쓰지 마라!'라고 격려해주는 말은 흔치 않다. 그러므로 절약가로서 내가 할 수 있는 일은 글을 통해 '돈 덜 쓰는 사람 그리고 절약으로 일상이 전보다 더 만족스러워진 사람 여기 있습니다'라고 손 흔들어주는 일이다. 외로운 절약가들에게 필요한 건, 함께하는 사람의 목소리니까.

지금 가진 것에 만족하고, 적게 쓰며, 적게 소유하는 미니멀리스트들이 서로 목소리를 들려주면 좋겠다. 누군가가 내 글을 읽고 공감해주고 행복했기에, 나 역시 다른 이웃 블로그와 작가들의 책을 읽은 덕분에 외롭기는커녕 자랑까지 해대며 절약을 할 수 있었다. 우리, 지금 참 잘하고 있다고 안아주며 토닥이고 싶다. 그러니 내일도 덜 쓰는 삶, 함께하자고요.

'보이지 않는 손'이 올바르게 움직이는 소비

책 한 권을 사도
공간을 멋스럽게 유지하는 동네 책방에서 산다.
꽃, 배움, 친환경, 유기농을 소비함으로써,
사람을 행복하고 건강하게 만드는 산업에
도움을 주려 한다.

◇◇◇

8개월 된 아기들이 장미꽃을 향해 기어간다, 앙금앙금. 새빨
갛고 보드라운 꽃잎을 만지고, 던져보고, 맛도 본다. 즐거워서
어쩔 줄 모른다. 온 마음을 다해 장미와 노는 그때, "펑!" 폭음
이 터지고, 사이렌이 울린다. 아주 날카롭게! 아기들은 소리를
지르고 혼비백산한다. 이게 끝이 아니다. 마룻바닥에 약한 전
기가 흐르기 시작한다. 아파서 절망적으로 울부짖고, 작은 몸
을 팔딱거린다.

폭음과 사이렌 그리고 흐르던 전기도 멈춘다. 아기들은 흐느
낀다. 그 후에도 반복적으로 아기들은 꽃을 볼 때마다 폭음을
듣고, 사이렌이 울려 겁에 질리며, 전기에 아파한다. 그들에게
꽃은 아프고 무서운 것이 된다. 아기들은 이제 꽃만 보면 겁에
질려 아우성치기 시작한다.

이 장면은 올더스 헉슬리Aldous Huxley의 소설 《멋진 신세계
Brave New World》의 한 장면이다. 이 공상 세계에서는 계층과 역
할에 따라 모든 인간의 기질을 교정한다. 숨 막히게 잔인한 이
장면은 사람들이 본능적으로 꽃을 증오하게 만드는 과정이다.

왜 꽃일까? 멋진 신세계의 독재자들은 왜 노동자(엡실론)들을 꽃에서 멀어지게 만드는 걸까?

자연에 대한 사랑은 공장이 바삐 돌아가게 만들지는 못한다. (…) "우리는 대중이 시골을 증오하도록 유도한다." (…) "하지만 동시에 우리는 그들이 시골에서 벌어지는 모든 운동경기를 좋아하도록 유도한다. 그와 더불어 모든 시골 운동이 복잡한 기계 장비를 사용하게끔 신경을 쓴다. 그러면 운동경기를 즐기려고 그들은 교통수단뿐 아니라 생산된 제품들도 소비한다. 그래서 저렇게 전기 충격을 주는 것이다."*

자연을 사랑하면 소비하지 않는다. 소비할 필요가 없다. 그래서 《멋진 신세계》의 독재자 포드(미국 자동차 회사 Ford의 상징으로 소설 속 초대 독재자 이름이 포드다)는 공장을 돌려 이익을 내야 하기 때문에 자연에 대한 불쾌함을 학습시키는 한편 자연놀이에도 '템빨'을 강조한다. 흙과 막대기만으로도 충분히 즐거울 수 있다. 그런데도 반드시 복잡한 장비를 갖춰 놀도록 한다. 왜냐하면 흙과 막대기에는 돈을 쓰지 않기 때문이다.

올더스 헉슬리는 1932년에 《멋진 신세계》를 발표했다. 85년 뒤, 2017년 한국에서는 리처드 루브Richard Louv의 《자연에서 멀어진 아이들Last Child in the Woods》이 출간됐다. 그리고 85년 전 공상소설가의 예언과 섬뜩할 만치 똑같은 얘기가 반복된다. '능동적인 생활 연구 프로그램'의 책임자 제임스 샐리James Sally 는 자연에서 아이들이 어떻게 노는지에 대한 연구 결과가 거의 없는 이유를 이렇게 설명한다.

자연에서 놀면 돈이 들지 않기 때문에 기업은 경제적 이득을 얻을 수 없습니다. 그러니 그런 분야를 연구하라고 자금을 지원하는 기업도 없죠. 아이들이 자연에서 자전거를 타고 산책을 한다면 석유도 필요하지 않고, 영화나 텔레비전도 보지 않을 테고, 아무에게도 돈이 되지 않습니다. 돈을 보면 답이 나옵니다. **

해변에서 모래성을 쌓는 아이들은 어느 기업에도 손님일 수 없고, 개울에서 돌멩이를 퐁당퐁당 던지며 노는 아이들은 어떤 물건도 사지 않는다. 노을빛이 풀밭을 근사하게 물들일 때 까치에게 토끼풀을 나눠주러 뛰어나가는 어린아이들은 경제적 무능력자나 다름없다. 자연에서 노는 아이들은 돈이 되지 않는다. 자연에서 노는 법을 익힌 덕에 골프채를 차 트렁크에 싣고 다니지 않아도 삶이 풍성하다. 돈이 되느냐 안 되느냐, 결국 이게 미디어에 플라스틱 장난감과 PVC 놀이매트로 가득 찬 키즈카페 광고만 있는 이유다. 키즈카페와 동물농장에 가면 아이들은 대접받는다. 지갑을 열게 해주니까.

자연이 낯설고 어려워지자 시골살이는 도전적인 일이 되었다. 돈만 주면 쌀과 신발을 쉽게 구하는 도시의 생활양식에 익숙해졌기에, 적은 돈과 노동력으로 굴러가는 시골에서의 생활은 도시와 끊임없이 비교되어야 했다. 아름다운 귀촌 영화인 〈리틀 포레스트〉를 보며, 농촌 판타지라고 고개를 젓는 사람도 많다.

이뿐만 아니라 도시의 차림새는 세련된 것, 시골의 차림새는 촌스러운 것으로 여기기도 한다. 설령 패션의 관점에서 '세련'과 '촌스러움'이 맞다 해도, 우리는 세련되지 않으면 큰일이라도 날 것처럼 호들갑을 떤다. 일해서 번 돈으로 소비하는 도시적 감각만이 남을 뿐, 직접 몸을 움직여 집안일을 건사하고 먹거리를 자급하는 풍경을 낯설게 여긴다.

우리는 자연과 더 멀어지게, 물건에 의존하도록 길들여지고 있다. 그리고 더 많은 돈을 쓴다. '멋진 신세계'를 유지하기 위한 성실한 부속품으로서.

누군가의 절약을 두고서는 '댁들 때문에 경제가 안 산다'라고 말한다. 바꿔 말하면 우리가 나라 경제를 살리기 위해 소비를 해야 한다는 의미다. 하지만 이는 멋진 신세계 증상이다. 한때 유행처럼 번졌던 '소비가 미덕' '나의 소비는 경제의 윤활유'라는 자부심 역시 잘못됐다. 오히려 과소비와 충동구매를 공공연히 합리화하는 셈이다.

차라리 시장경제의 원리를 따르는 게 낫다. 누군가에게 도움되는 물건이면 많이 팔리고, 그렇지 않으면 팔리지 않는다. 불필요한 물건과 서비스는 자연도태되기 마련이다. 나라 경제 살리려고 의무감으로 팔아주는 건 진정한 의미의 시장경제가 아니다. 자본주의라 부를 수 없다.

내가 텔레비전, 의류건조기, 식기세척기, 무선청소기를 사지 않는 건 필요 없기 때문이다. 고급 자동차나 넓은 집, 키즈카페, 영유아 사교육도 마찬가지로 구태여 돈 주고 사야 되나 싶다. 외식비도 무척 비싸다. 똑같은 돈이면 유기농 재료로 집밥을 해 먹을 수 있다. 그러니 집 앞 분식집 사장님께는 죄송하지만, 분식집 옆에 있는 유기농 매장에 가서 콩나물이랑 두부, 동물복지 유정란을 사서 집으로 온다. 된장국 끓이고, 계란을 부쳐 먹는다.

대신 배움과 책, 꽃, 아주 휘겔리한(아늑하고 편안한) 카페, 친환경 제품과 유기농 빵에는 지갑을 연다. 집 근처 식당 옆 마트와 서점 사장님들과는 안면을 텄다. 멤버십 적립할 이름도 묻지 않고 웃으면서 "최다혜 씨죠?" 하며 적립해준다. 유기농 빵집 사장님도 "비닐봉지 안 드려도 되죠?" 한다. 공책 한 권도 손과 바느질로 직접 만들어 지구에 무해한 사람이 되려 애쓰는 청년들에게서 산다.

책 한 권을 사도 책 읽는 공간을 멋스럽게 유지하는 동네 책방에서 산다. 이 책방 사장님들은 책방의 책상과 책장을 모두 직접 만들었다. 나무에 못을 박고 직접 바니쉬를 칠했다. 공장을 돌리기보다 손을 움직였다. 일회용 빨대와 컵도 없다. 인터넷 서점은 10퍼센트 할인을 해주지만 나는 이 책방에서 매달 책을 10만 원 넘게 산다. 내 돈은 이런 책방으로 흐르면 좋겠다.

그러니 나 때문에 경제가 안 돌아간다고 생각하지 않는다. 오히려 책, 꽃, 배움, 친환경, 유기농을 소비함으로써, 사람을 행복하고 건강하게 만드는 산업에 도움을 주고 있다고 여긴다. 나는 나의 절약이 전혀 부끄럽지 않다.

대중에게 '괜찮다'라고 여겨지는 삶을 유지하려면 온갖 물건과 서비스가 필요하다. 그래서 직장에 나가 일을 하고 돈을 벌어온다. 그 돈으로 보통의 삶을 영위할 물건과 서비스를 산다.

아이들 장난감을 사고, 가사노동을 줄일 가전제품을 들인다.

하지만 그게 진짜 '나'의 선택인지, 아니면 불필요한 소비를 한 건 아닌지를 살펴야 한다. 별다른 고민 없이 갖고 있던 'Full HD 텔레비전'을 버리고 '요즘은 다들 OLED 8K 텔레비전을 사니까'라며 최신형 가전제품으로 바꿨던 건 아닐까?

자유의지로 살고 있는지, 아니면 '멋진 신세계' 속에 살고 있는지는 '오늘 산 물건'을 점검해보면 알 수 있다. '주말에는 당연히 가족들과 외식하며 단란한 시간을 보내야'란 생각으로 끓인 어묵탕을 놔두고 칼국숫집에 갔다면? 멋진 신세계 속에 살고 있을 확률이 크다.

자연을 사랑하면 공장이 돌아가지 않는다. 삶의 즐거움을 템빨에 의존하지 않으면 소비는 줄어든다. 어떻게 살지는 정해져 있다.

*　　　올더스 헉슬리, 안정효 옮김, 《멋진 신세계》, 소담출판사, 2015년, 57.
**　리처드 루브, 이종인 옮김, 《자연에서 멀어진 아이들》, 즐거운상상, 2017년, 39.

인생에서
중요한 것을 찾아주는
자연의 힘

여기는 꽃의 세계다.
소비할 물건보다 자연이 넉넉하게 마련된 곳이다.
덕분에 소비하지 않고도
충분히 삶을 꾸릴 시간이 넉넉하다.

◇◇◇

지방에 살다 보면 《멋진 신세계》의 독재자 포드를 이해하게 된다. 그가 왜 어린 아기들이 꽃을 볼 때마다 전기 충격을 주었는지 말이다.

독재자 포드는 공장을 돌려 소비를 촉진해야 한다. 사람들이 최신 물건에 민감하고, 새 물건을 사면서 기뻐하길 바란다. 주어진 자기 일만 반복하면서 소비하고 연애하고 스포츠와 오락만 즐기는 게 '행복'이라고 철석같이 믿어야 한다. 감각적 쾌락만이 '행복'이라고 확신해야 한다. 다시 말해 멋진 신세계 속 문명인들은 생각할 힘을 잃어야 한다. 쇼핑의 쾌락이 행복임을 의심하면 안 된다. 그래야 포드는 부富를 독점할 수 있다. 자기 자본 증식. 그게 포드가 독재하는 목적이다.

그런데 지방에 살면 쇼핑이 행복인지를 자꾸 의심하게 된다. 최신의 물건이 없어도, 유행에 뒤떨어져도, 어마어마한 맛집의 음식이 아니라도, 삶이 편안하고 행복하다. 소비하지 않아도 충만한 행복을 느끼는 원천은 바로 '꽃'이다. 포드가 사람들에게 전기 충격으로 공포를 심어준, 바로 그 꽃 말이다. 포드의 독재 수법은 꽃을 좋아하는 사람에게 소용없다.

우리 가족은 매 주말 논다. 놀고, 놀고 또 논다. 집에 있는 법이 없다. 준비물은 돗자리와 책과 빵 정도다. 차를 타고 달리다가, 적당한 데에 선다. 산 아래에서, 절 입구에서, 해변에서, 습지 둘레길에 차를 세운 뒤 시간을 보낸다. 생크림에 빵 찍어 먹다가, 책 몇 장 읽고, 깊어진 가을 날씨에 말라버린 열매를 낙엽 위에 장식하면서 그렇게 시간을 보낸다.

일하지 않는 시간은 자연에서 걷고, 대화하고, 안고, 맛있는 음식을 먹는다. 이 모든 것을 공짜로 누리기 미안하다. 그만큼 아름답다. 습지를 걸으면서, 단풍을 눈에 담으면서, 사랑하는 사람과 이야기하고 웃고 떠든다. 주중에 불쾌했던 일은 습지를 한 바퀴 도는 사이, 대화를 통해 정리한다. 왜 문제였을까, 앞으로는 어떻게 하면 좋을까, 이게 내 선에서 해결할 수 있는 일인 걸까.

꽃을 사랑하면, 자연에 기꺼우면 진정한 행복을 누릴 수 있다. 자연에서 보내는 주말의 휴식은 몸도 편안할뿐더러, '어떻게 살 것인가'를 토론하는 시간이기도 하다. 놀거리가 주어진 화려한 상점이나 체험시설에서는 경험하기 힘든 시간이다. 서울대학교 행복연구센터장이면서 심리학과 교수인 최인철 교수는 '행복'을 "좋은 기분과 함께 삶의 의미와 목적 그리고 삶을 향한 품격 있는 자세와 태도까지 포함한다"라고 정의한다.

좋은 기분만 느끼려면 소비하는 게 나을지도 모르겠다. 하지만 돈 한 푼 들지 않는 자연에서 시간을 보내는 게 삶의 질 향상에 도움이 된다면, 조금 불편해도 돈을 덜 쓰고 자연을 만끽하는 게 낫다. 소득을 넘지 않는 소비와 따뜻한 심성이 자라는 자연의 가치를 들여다보는 자연생활은 정신 승리가 아니다. 적정소비이자 합리적 소비다.

꽃에는 힘이 있다.《멋진 신세계》속 포드가 주장하는 단편적 행복에서 벗어날 수 있는 힘이다. 소비하지 않아도 행복하다. 소비하지 않으니 시간이 생긴다. 그 시간 동안 사유하고 토론한다. 자연 속에서는 생각이 많아진다.

그래서 지방을 사랑한다. 수도권의 문화적 융성함과 풍부한 자연을 똑똑하게 만끽할 수 있다면 좋겠지만, 나는 여전히 고어텍스 등산화 같은 기능성 제품과 서비스를 보면 필요하지 않은데도 물건과 서비스의 쓸모를 생각하고야 만다. 그러니 나 같은 사람은 멋진 신세계에서 한발 빼는 게 상책이다.

여기는 비록 작지만 꽃의 세계다. 소비할 물건보다 자연이 넉넉하게 마련된 곳이다. 덕분에 내가 사는 아름다운 바닷가

도시에서는 소비하지 않고도 충분히 삶을 꾸릴 시간이 넉넉하다. 우린 그 속에서 허투루 낭비하지 않는 경제적 건전함을 쌓아간다.

꿰맨 자리에
가난이
깃든다고?

돈을 모으기 위해 스타킹을 꿰맨 것은 아니다.

물건이 오래도록 쓰임을 다하길 바랐다.

경제적으로도 유복해지고

소망대로 살 수 있었던 것은 덤이다.

◇◇◇

'꿰맨 자리에 가난이 깃든다'라는 표현을 읽었다. 가난한 생활방식이 끊임없이 가난을 부른다는 의미다. 이런 말 때문인지 절약하는 사람은 종종 자신의 절약에 가난이 깃들까 걱정한다. 평생 적은 돈으로 살아가는 굴레를 벗어나지 못할까 움츠러든다.

하지만 정말 꿰맨 자리에 가난이 깃들까? 글쎄, 나는 그렇게 생각하지 않는다. 꿰매도 여전히 가난에서 벗어나기 힘들다는 계층 대물림에 대한 속담이라면 이해할 수도 있지만, 꿰맸기 때문에 가난해진다는 이상한 논리를 받아들이기 힘들다. 쓰면 없고 덜 쓰면 모이는 쉬운 덧셈, 뺄셈 앞에, 꿰매기를 즐기는 사람이 가난해진다는 건 어불성설이다.

가난은 신용카드 할부로 산 좋은 옷에 깃든다. 꿰매면? 돈이 된다. 꾸준히 꿰매면? 돈이 모인다. 모은 돈으로는? 새 옷처럼 시간이 지날수록 가치가 떨어지는 소비재보다 시간이 흘러도 가치가 보존되는 자산을 산다.

부유한 삶은 바른 태도로 점철된 작은 습관이 만든다. 어렵고 복잡한 기술이 필요하지 않다. 고장 나면 고쳐 쓰고, 있는 물건은 사지 않는다. 남의 노동력을 돈으로 사기보다 내가 할 수 있는 일은 직접 한다. 오히려 지루할 정도로 단순한 일이다. 이런 일들을 5년 즈음 반복하니 어느덧 경제적으로 여유로워졌다. 그리고 앞으로도 오래도록 반복할 거다.

현대사회는 꿰매지 않아도 부유해질 수 있을 것만 같은 온갖 뉴스들로 넘쳐흐른다. 앉아서 바느질을 할 시간에 유튜브로 재테크 방법을 연구해서 돈이 돈을 버는 파이프라인을 구축하는 게 더 쉽고 빠른 방법이라고도 한다.

맞는 말일지도 모른다. 그러나 이 방법의 맹점은 스타킹을 오래 신을 수 없다는 것이다. 나는 오로지 돈을 모으기 위해 바늘 구멍에 실 끼워 스타킹을 꿰맨 것은 아니다. 모은 돈으로 나중에 새 스타킹을 마음껏 사고 싶어 절약한 것은 더더욱 아니다. 세상에 한 번 태어난 물건이 오래도록 쓰임을 다하길 바랐다. 덕분에 경제적으로 유복해지고 환경에 무해한 사람이 되고 싶다는 소망대로 살 수 있었다. 나는 자주 꿰매고, 미련하게 근면 성실하게 살 것이다.

나의 소확행들을
고백합니다

절약은 큰 소리로 말하기 어려운 주제다. 윤리적으로 저촉될 것은 없으나, 왠지 자랑할 일은 아닌 것 같아서 그렇다. 그냥 내가 소박하고 즐겁게 살면 되지 않나 하는 정도에서 그치게 된다고 할까. 그런데 아내는 용감하게도(?) 절약을 주제로 모임을 만들어 운영하고 있다. 나는 정식 멤버가 아니지만, 오며 가며 회원분들과 안면을 트고 인사를 하다 보니 간접적으로 절약 모임의 영향을 받는다. 매번 느끼지만, 생활양식을 주제로 모임까지 결성해 친밀한 관계를 맺을 수 있다는 사실이 신선하다.

나는 회원들의 절약 사유가 궁금했다. 절약가들이 받는 대표적인 오해가 경제적으로 궁핍한 상태일 거라는 추측이다. 그러나 실제로 만난 절약가(스스로를 절약하는 사람이라고 밝힌 사람)들은 오히려 상당한 자산가, 못해도 어느 정도 유복한 가정에 속한 경우가 많았다. 역시나 아내의 절약 멤버 또한 외관상 어떤 결핍의 요소를 발견하기 힘들었다. 해외여행을 가기 위해, 사교육비를 충당하기 위해, 정신적 여유를 누리기 위해 모임에 참가한 분들의 이야기를 들었다. 구체적인 형태는 달랐지만, 행복하고 안온한 삶을 위해 절약을 한다는 점에서 모두가 한마음이었다. 건전하고 건강한 태도다. 나도 오랜만에 느긋하게 생각을 해보았다. 나도 나름 아끼며 사는 사람의 한 명으로서 어떤 행복을 추구하며 살아가는가. '음악, 책, 산책(또 책이라니 죄송합니다. 이런 언어유희도 즐깁니다), 커피, 여행……' 아무래도 찾아낸 항목들을 보니 나도 상당히 무난한 사람이다.

여기까지 생각을 정리하고 아내에게 나의 행복론을 들려주었다. 살아가는 데 이 정도면 충분하지 않을까 하면서.

"자기답네. 이 주제로 글을 남겨봐. 절약가 아내를 둔 남편의 목소리라는 점에서 의미가 있어."

아내는 나에게 절약가 아내의 남편이라는 새로운 정체성을 환기해주었다. 절약가 아내의 남편이라. 나는 곰곰이 궁리해보았다. 어째서 절약가 아내의 남편이라는 포지션이 중요한지. 내가 판단한 바로는 절약가를 표방하는 분들이 대부분 여성이라서 그런 게 아닌가 싶다. 실제로 절약 모임에 참가하는 회원은 모두 여성이며 기혼이다. 맞벌이보다는 외벌이 비중이 높고, 남편에 대해 약간의 아쉬움을 가지고 있다. 남편에 대한 아쉬움이란 절약 기조에 적극적으로 동조하지 않는 남편을 향한 약한 수준의 원망 같은 것이다. 그래서 절약 모임 회원에게는 남편을 설득할 근거 혹은 구실이 필요하다. 그 근거로서 절약 부부의 모범 사례가 있으면 참 적절할 텐데 마침 내가 딱 걸린 것이다.

'남편이 아내와 함께 절약생활을 하면서 행복하게 지내면 얼마나 보기 좋아. 호호호.'

이런 큰 그림이 있었던 것인가. 교묘한 덫에 걸린 기분이었다. 게다가 글까지 남기라고 했으니 (나는 바보같이 바로 알겠다고 수긍했다) 빠져나갈 구멍은 없다. 어쩌다 이런 중책을 맡게 된 걸까. 어쩐지 자기 용돈으로 결제한 라떼를 생긋생긋 웃으며 건네주더라니.

그래서 지금부터 제가 행복한 이유를 설명해 드리겠습니다.

어디까지나 개인적인 이야기입니다. 그래도 사소한 격려, 내면의 평화에 도움이 된다면 (특히 절약 모임 회원 분들께) 기꺼이 짧은 소견을 적어 보겠습니다.

뻔한 이야기처럼 들리겠지만 행복은 상대적인 개념이다. 나는 행복을 느끼는 데 돈이 그다지 필요하지 않다고 생각한다. 절약을 하면서도 일상을 구기지 않고, 진심 어린 행복을 느낄 수 있다. 가령 나는 외모를 화려하게 꾸미는 데 별로 관심이 없다. 물론 매일 깨끗하게 머리를 감고, 주기적으로 샤워를 하며 로션을 꼼꼼히 바른다. 세탁을 미루지 않으며, 잘 마른 옷가지를 반듯하게 개어 보관한다. 즉 말끔한 상태를 지향하지만, 최신 유행을 좇거나 패션에 힘준 듯한 인상은 지양한다.

나는 심플한 디자인에 소재가 우수한 옷을 즐겨 입는다. 특히 면바지와 니트 상의, 운동화(나이키 조깅 리액트 시리즈를 사랑한다)차림을 몹시 좋아한다. 옷은 아울렛 매장이나 하프클럽 같은 시즌오프 전문숍에서 고른다. 나 같은 취향의 사람은 신상을 정가로 구매하는 것이 거의 무의미하다. 클래식 디자인은 시류를 타지 않는다. 이런 쇼핑 방식은 예산 절감에도 효과가 있다. 2년 정도 시간이 지난 의류는 가격이 거의 30~40퍼센트 수준까지 떨어지므로 중고급 브랜드를 합리적인 가격에 구매할 수 있다. 나는 저렴한 보세의류 혹은 패스트패션브랜드 의류를 짧은 주기로 교체하여 입는 것보다 양품을 오래 입는 편을 선호한다. 이런 방식으로 1년에 몇 벌씩 구매하여 10년 정도면 품질과 브랜드 양쪽을 모두 만족시킨 계절별, 상황별 옷을 얼추 구비할 수 있게 된다. 간단한 이치다.

나에게 또 빠질 수 없는 취미는 음악 감상이다. 음향기기는 가격의 상한이 없다. 음의 만족도라는 개념은 철저히 주관적이라 투자를 하자고 덤비면 수억 원을 들여도 부족하다. 음 손실을 막기 위하여 금, 은을 도금하는 등 오디오 선을 커스텀으로 제작하는 건 그 세계에서 예사다. 나는 그런 하이파이Hifi 오디오 세상과 선을 그었다. 소니와 젠하이저에서 만족한다. 내가 보유한 기기는 Hi-Res Audio(고해상도 음원 재생) 기능을 지원하는 헤드폰 두 대와 블루투스 스피커 한 대다. 세 기기의 가격을 다 합쳐봐야 100만 원 남짓이다. 100만 원이 꽤 큰 금액이라 생각할 수 있지만 한번 집에 들이면 최소 몇 년을 사용할 수 있다. 또 추가 비용도 발생하지 않으니 만족도가 상당하다. 내 귀는 여기에 적응했으며, 이 정도 음질이면 훌륭하다고 생각한다 (지금도 바흐의 〈평균율 클라비어곡집〉을 들으며 연신 입꼬리를 올리고 있다). 육아하느라 자주 다니지는 못하지만 뮤지컬이나 오케스트라 공연을 라이브로 접하는 것도 더없이 귀중한 여가생활이다. 3, 40만 원 정도면 1년 공연비로 부족함이 없다.

이유를 계속 대자면 한정이 없을 것 같으므로 책과 연필로 마무리하고자 한다. 나는 도서 대여를 하지 않고 거의 구매해서 본다. 종이책과 전자책(시사주간지 e-book 포함)의 비중은 8:2 정도다. 종이책을 선호하는 이유는 여백에 연필로 무언가를 끄적이며 문장을 음미할 수 있기 때문이다. 자주 쓰는 연필은 파버카스텔 9000 시리즈와 스테들러 마스루모그라프, 미쓰비시 하이유니, 톰보우 모노다. 보급형 라인에 비해 가격이 나가지만 한 타를 사면(대략 1만 5,000원 내외) 최소 몇 년은 거뜬히 쓴다. 이 제품, 저 제품 번갈아 쓰는 재미도 쏠쏠하다. 그리고 다들 아시다시피 책은 별로 돈이 들지 않는다. 한 달에 다섯 권 기준으로 대략 8만 원. 중고책방을 이용하면 비용은 반으로 줄어든다. 정말이지 독서는 돈이 없는 사람도 부담 없이 즐길 수 있는 취미다.

아직도 소소한 행복에 관하여 이야기할 것들이 산더미처럼 있지만 지면 관계상 모두 옮기지는 않겠다. 여기까지 읽은 분이라면 짐작할 수 있듯이 나는 소비재와 유흥에 관한 돈을 들이지 않는다. 품질을 추구하되, 최상급까지는 나아가지 않고 물건의 본질을 느낄 수 있을 정도면 기꺼이 받아들인다. 평범한 직장인 벌이로도 무리하지 않고 접근할 수 있는 수준이다.

"(콜록) 자기야, 이렇게 쓰면 될까? 절약 모임 회장님 남편으로서 잘 지내고 있다는 메시지는 충실하게 전달한 것 같은데 (콜록, 왜 자꾸 기침이 나오지)."

아내는 완전히 만족한 것 같지는 않지만, 오케이 사인을 보낸다. 휴, 이것으로 끝이다. 흠흠, 저는 진짜로 행복합니다. 정말이라고요. 댁에 가셔서 남편에게 절약 동참을 제안하는 근거로 쓰셔도 무방합니다. 그나저나 맥주 소개를 못 한 것이 아쉽군요. 아몬드와 맥주는 근사한 조합입니다. 그건 적당히 둘러대십시오.

4.

지구를 지키는 일이
곧 나를
지키는 일

사지 않는 삶의
이타적인
이유

새 물건 하나를 덜 사는 것만으로도
잠재적 탄소 배출물을 막을 수 있다.
돈을 덜 쓰는 일, 그 자체가
기후위기에 대응하는 근본적인 길이다.

◇◇◇

올여름, 내 출근복은 상의 여섯 벌과 바지 세 벌이 전부였다. 그마저도 블라우스 한 벌은 솔기가 뜯어진 걸 손바느질로 꿰매 입은 것이다. 철마다 신상 원피스를 사들이던 예전에 비해 지금 내 모습은 궁상일까?

주말이면 남편과 함께 어린 두 아이를 데리고 입장료 없는 공원으로 간다. 열에 아홉은 도시락을 싼다. 식빵에 으깬 감자를 바르고 고구마를 굽는다. 물은 언제나 보온병에 담아서 간다. 체험프로그램이 떡하니 차려진 체험관과 주변 맛집을 순례하고 목마르면 편의점에서 생수를 사 먹던 예전에 비해 지금 나의 여가는 후퇴한 걸까?

돈 덜 쓰려고 예산도 빠듯하게 잡는다. 우리 집 부부 의류 예산은 6개월에 10만 원이라서 솔기가 뜯어지면 고쳐 입는다. 하루 식비는 1만 5,000원이기에 예산에 맞추고자 플라스틱 통에 포장된 샌드위치 말고, 으깬 감자를 바른 식빵으로 도시락을 싼다. 그렇게 소비 욕구를 달랜다.

이 모든 것은 개인적으로 성숙해지는 기회였다. 옷 있으면 안 사도 되고, 집에 감자가 남으면 샌드위치를 직접 만들어 먹으면 된다는 걸 예전에는 몰랐다. 다다익선多多益善보다 충분히 갖고 있을 때 소비를 멈추면 더 행복하다는 것을 알았다. 최소한의 돈으로 최소한의 소비를 하면서 알게 됐다.

처음에는 부자가 되고 싶어 봉투에 만 원씩 넣어 쓰는 살림을 했다. 그런 날들이 이어지자 적게 쓰는 습관이야말로 안정감 있는 노후를 위한 확실한 대책임을 알게 됐다. 모은 돈은 넉넉해지고, 지출이 적어도 불편하지 않았다.

적은 돈으로 우아하게 사는 삶의 양식을 갖추게 된 후, 하고 싶은 일을 하고 싶은 만큼 하며 산다. 돈 되는 일을 닥치는 대로 하지 않게 되었고, 여가시간을 확보하여 어린 두 딸에게 따뜻한 닭칼국수를 끓여준다. 돈에 휘둘리기보다, 생각하는 대로 살 수 있게 됐다. 삶의 질이 높아졌다.

그리고 지금은? 청소년들이 "우리도 늙어서 죽고 싶어요"라고 부르짖는 기후위기의 시대에, 절약이야말로 기후위기에 대응하는 가장 근본적인 대책임을 받아들이는 중이다.

요즘 돈을 쓰면 죄책감이 든다. 새 물건을 살 때마다 부끄럽다. 이런 기분에 구태여 없는 용어라도 만들어 보자면 '소비 수치심consumption shame'이라 이름 붙이고 싶다. 2010년부터 스웨덴에서 시작된 '플라이트 셰임flight shame' 운동의 연장선이랄까. 온실가스 주범인 비행기를 타는 게 부끄러우니 비행기를 덜 타자는 플라이트 셰임 운동과 더불어 소비 수치심을 가져야 하는 이유도 탄소 배출물 때문이다. 새 물건 하나가 생산, 유통, 폐기될 때마다 탄소 배출물이 뿜어져 나온다. 새 물건 하나를 덜 사는 것만으로도 잠재적 탄소 배출물을 막을 수 있다. 돈을 덜 쓰는 일, 그 자체가 기후위기에 대응하는 가장 쉽고 근본적인 길이다.

물론 소비는 자유다. 내 돈 주고 내가 사는 건, 개인의 역량이자 풍요로운 삶을 위한 행동일지도 모른다. 더군다나 직접 농사지어 자급하며 살 수 있는 기회가 줄어들고 있기에, 기업이 생산한 물건을 사지 않고서는 생활을 이어나가기 힘들다. 기업의 이익으로 나라 경제가 돌아가는 자본주의 사회에서 소비는 더더욱 권장될 만하다.

하지만 지금은 당장 탄소 배출량을 0으로 만들어도 시원치 않을 기후위기의 시대다. 플라스틱으로 해양 생태계가 망가지고 있는 인류세Anthropocene의 장본인으로서, 이제 소비에 책임져야 한다. 타인에게 해를 끼치지 않는다면 우리는 자유로운 개인으로 살아갈 수 있지만, 지금은 소비 자체가 '해害'다. 이미

세계환경개발위원회는 1987년에 "선진국의 소비 패턴이 세계적인 환경훼손의 주범"이라고 경고했다.

쇼핑은 투표다. 자본주의 시대에 가장 확실한 목소리를 내는 방법이 '내가 오늘 산 물건'이다. 그래서 절약가들은 기후위기의 시대에 '쇼핑하지 않음'으로써 기업들에게 투표한다. 소비자인 우리가 기후위기가 신경 쓰여 더 이상 욕망대로 사지 않고 있으니, 우리가 죄책감을 느끼지 않을 착한 상품들을 생산해달라는 목소리다. 우리는 더 이상 소비를 미덕이라 여기지 않으며, 나하나라도 물건을 덜 사서 택배박스의 비닐 포장을 줄이는 게 미덕이라 여긴다.

절약은 윤리적인 행동이다. 감히 덜 쓰는 삶을 살수록 기후위기 대응에 좀 더 윤리적이라 말하고 싶다. 아무것도 안 살 수는 없겠지만, 그렇다고 막 살 수도 없는 기후위기의 시대니까. 게다가 돈은 덜 쓰면 모인다. 계좌가 넉넉해지고 있다. 개인적으로는 풍요로워지고 환경적으로도 유익하다.

나는 당신의 계좌가 더욱 넉넉해져서 우리 모두가 풍요로워지길 진심으로 바란다. 불필요한 물건을 덜 사고, 가진 물건을 오래 씀으로써 우리는 개인적으로 넉넉해지고, 지금의 청소년들은 장수할 것이다.

지구를
구하기 위해
책을 읽습니다

《사피엔스》를 읽은 후,
'반드시 갖춰야 할' 물건에 대한 편견을 버렸다.
《간디의 편지》를 읽고 나서는
조금씩 모자 쓰고 모자 사러 가지 않는 일을 실천했다.
내가 절약의 말들을 수집하는 이유다.

◇◇◇

딸아이가 〈꼬마버스 타요〉 보려고 유튜브를 틀었다. 영상 아래 배너 광고에서 6~7분에 한 번씩 은행, 장난감 등 온갖 광고가 떴다. 만화 한 편 보여주려다가 내 딸이 미래의 소비 요정이 돼버릴 것 같았다. 하긴 미래의 소비 요정을 길러내는 게 광고뿐이랴. 온 세상이 탕진의 유혹 그 자체다.

소비는 쾌락이다. 돈 쓰는 일은 세상에서 제일 쉽고 재미있다. 그렇지만 쉽고 재밌다고 마구잡이로 쓸 순 없다. 백 살 인생에서 넋 놓고 소비만 하다가는 정작 돈이 필요할 때 빚을 져야 하기 때문이다. 그러므로 우리는 외식 유혹을 뿌리치고 내일을 위해 밥솥에 쌀을 안치는 독종으로 살아야 한다.

나 역시 세상의 유혹에 쉽게 넘어가는 보통 사람이었다. 지금은 다르다. 나 역시 독종이 되었다. 절약이 체질이자 취향인 것 같다. 절약은 독서와 함께 찾아왔다. 사람들은 절약 비법으로 '식비 가계부' '냉장고 파 먹기' '미니멀 라이프' '신용카드 자르기'를 들으면 수긍하면서도, 독서가 절약의 핵심이라 하면 고개를 갸웃했다. 심지어 절약 비법을 알려달라던 방송국 PD

님들마저도 '독서와 절약' 부분은 통편집했다. 절약 비법이라 해놓고 재테크 책을 소개한 게 아니라 인문고전과 사회과학책을 소개했기 때문인 걸까.

하지만 절약과 독서는 궁합이 맞다. 책을 읽다 보면 불쑥 절약을 자극하는 말들이 튀어나오는데 놓치기 아까울 정도로 많다. 그래서 은유 작가가 글쓰기를 촉진하는 '쓰기의 말들'을 수집했다면, 나는 돈 덜 쓰는 삶을 응원하는 '절약의 말들'을 수집한다.

터진 바지를 기우면서, 이것은 절약인가 궁상인가 한참 헷갈려할 때 끝까지 바느질을 할 수 있도록 해준 것도 절약의 말들이었다. 만 원 한 장 들고 마트에 들어가 잔돈까지 남겨서 나오는 기적도 모두 책 속 문장들 덕분이었다. 이제부터 나를 절약 노력가로 살게 해준, 절약 촉진제들을 소개할까 한다.

사치품일까, 필수품일까 《사피엔스》

역사의 몇 안 되는 철칙 가운데 하나는 사치품은 필수품이 되고 새로운 의무를 낳는 경향이 있다는 것이다. 일단 사치에 길들여진 사람들은 이를 당연한 것으로 받아들인다. 그 다음에는 의존하기 시작한다. 마침내는 그것 없이 살 수 없는 지경이 된다. (…) 과거의 모든 수고와 시간을 절약했다. 하지만 내가 좀 더 느긋한 삶을 살고 있는가?*

유발 하라리Yuval Harari는 농업혁명이야말로 희대의 사기극이라 말한다. 사람들은 정착과 농경을 통해 밀을 재배하면서 앞으로는 덜 춥고, 배도 덜 곯을 거라 예상했다. 하지만 늘어난 밀만큼 인구가 늘어날 줄은 몰랐다. 단일 식량원에 의존하면서 가뭄에 취약해졌고, 정착생활로 전염병이 더 빠르게 퍼졌다. 분명 수렵채집 시절보다 사냥과 채집의 수고가 줄었다. 그럼에도 더 쉽게 살려는 계획은 실패했다.

1만 년 후, 자본주의 시대를 사는 지금의 우리는 수렵채집 생활을 청산하고 유토피아를 꿈꿨던 농경인들과 다를 바 없다. 과학의 발달과 분업 그리고 자본주의로 삶이 더 좋아질 줄 알았는데 아니었다. 사치에 길들어졌기 때문이다. 우리는 텔레비전이나 세탁기, 자동차 없이는 불행하다 믿는다. 해외여행 한번 못 가면 혹은 원할 때 외식을 할 수 없다면, 열등한 삶이라 단정한다. 이제 신혼부부의 아파트, 아이 있는 집의 중형차, 의류건조기, 식기세척기, 청소기는 새로운 의무가 되었다.

전염병에 취약한 것도 1만 년 전과 똑같다. 2020년은 코로나의 해로 기억될 것이다. 코로나 또한 우연이 아니다. 최재천 교수는 저서 《코로나 사피엔스》에서 인류의 자연 침범, 공장식 축산, 인구 밀집, 지구온난화가 바이러스에게 역대 최고의 전성기를 준 셈이라 말했다. 그린벨트를 깎아 주거 공급을 늘리면 더 행복해질 줄 알았고, 보다 저렴한 값에 누구나 매 끼니 밥상에 돼지고기를 올리면 풍요로워질 줄 알았는데, 아니었다. 평범하게 살면 행복하고 즐거워야 하건만 한국인의 행복 지수는 자꾸만 떨어진다. 뭔가 잘못되었음을 눈치채야 한다.

《사피엔스Sapiens》를 읽은 후, '반드시 갖춰야 할' 물건에 대한 편견을 버렸다. 대신 이건 사치품일까 필수품일까를 먼저 가늠했다. 방법은 '일단 없이 살아보기'였다. 불편을 감수해보고 생각보다 어렵지 않으면 사지 않았다. 그러자 집 상황에 맞게 편리한 사치품을 거를 수 있었다.

문명의 혜택을 누리지 말라는 뜻이 아니다. 나 역시 천기저귀를 쓰고, 이유식을 물에 중탕하며, 선풍기로 더위를 버텨도 봤지만 너무 힘들었다. 나는 중노동에 지쳤고, 아이는 뜨거운 여름밤 잠을 못 잤다. 종이기저귀와 전기압력밥솥, 전자레인지, 세탁기, 에어컨은 우리 집에 필수품이었다. 없으면 불편했다.

청소기로 바닥을 청소하면 훨씬 빠르고 편하다. 알지만 빗자루로 쓴다. 굳이 빗자루질을 하는 이유는 '사치품과 필수품'을 늘 구별하며 살자는 나만의 의식이다. 단지 사치품을 얻기 위해 노동하느라 불행하다면, 잠시 멈춰 필수품의 가면을 쓴 사치품인지 아닌지 생각해보자. 사치품에 길들어지기 전에 없이도 살 수 있는 능력을 갖추는 게 삶을 안정감 있게 살아내는 요령이다. 빗자루야말로 내게 《사피엔스》의 교훈을 기억하기 위한 상징이다.

냉장고에 계란 있으면 마트 가지 마라 《간디의 편지》

"어떻게 살면 신의 법대로 사는 것인가?"
"모자 쓰고 모자 사러 가지 않는 것이다."**

마하트마 간디Mahatma Gandhi는 인도의 비폭력운동가다. 《간디의 편지From Yeravda Mandir》는 간디가 감옥에 갇힌 동안 쓴 열다섯 편의 에세이와 정치적 이유로 감옥에서 쓰지 못한 스와데

시Swadeshi(국산품장려운동)에 대한 한 편의 에세이를 담고 있다.

간디는 불필요한 물건을 갖지 않았다. 생존을 위한 음식 외에는 입맛을 통제하며, 이 길이 힘들지라도 실천하겠노라 서약했다. 이게 풍요의 시대에 가난한 이들이 배곯지 않을 가장 정직한 길이라 여겼다.

검소한 삶은 부의 편중을 줄일 수 있는 미약한 실천 방법이다. 물건 만드는 부유한 사업가들의 물건을 사지 않는 일이기 때문이다. 간디는 절약이 느리지만 자본소득보다 노동소득으로 부가 분배될 수 있는 방법이라 여겼다. 비폭력 운동의 일환으로 물레를 돌렸던 깡마른 간디다운 실천이었다.

모자 쓰고 모자 사러 가지 않는다는 건 더 욕심내지 말라는 의미이자, 갖고 있는 물건을 구태여 또 사지 말라는 경고다. 수십 벌의 옷을 두고 옷을 사거나, 멀쩡한 스마트폰을 최신형으로 바꾸는 일, 이미 아이 장난감이 발에 차일 만큼 많은데 마트에서 애원하는 아이 눈빛에 못 이겨 사주는 선물 이벤트까지 모두 모자 쓰고 모자 사러 가는 일이다.

주부인 나에게는 또 다른 의미로도 다가왔다. 바로 '식재료'의 문제였다. 그동안 나는 하루 식비를 1만 5,000원으로 제한하고, 이 안에서 장을 봤다. 집에 계란이 있어도 고기를 샀다. 파가 있어도 부추와 쪽파를 들였다. 몇 끼 식재료가 냉장고에 떡하니 있음에도 불구하고, 하루 식비 예산이 있으니 돈을 썼다.

《간디의 편지》를 읽고 나서는 조금씩 모자 쓰고 모자 사러 가지 않는 일을 실천해봤다. 비록 식비 예산이 남더라도, 냉장고에 먹거리가 있으면 불필요하게 더 사지 않았다. 냉장고에 김치와 장, 자투리 채소 몇 개 남았을 때 장을 봤다. 냉장실이 널찍해지니, 청소도 쉽고, 남은 식재료 파악하기도 편했다. 무엇보다 돈을 절약할 수 있었다.

냉장고가 비어야 식재료를 사는 습관을 들이니 하루 1만 5,000원도 식비로 넉넉했다. 물론 친정 부모님이 가끔 쌀을 주시고, 텃밭에서 푸성귀를 준 덕이다. 처한 환경이 다른데 모두 같은 식비 예산을 잡을 수는 없다. 나의 상황, 나의 살림에서는 식비 1만 5,000원이 충분할 뿐이다.

그러면 돈을 어디에 쓸까? 다 갖고 있는데. 그렇게 치면 살 거 없는 거 아닌가? 맞다. 그래서 안 사고, 돈을 많이 안 쓴다. 경제적으로 해방감을 느낀다. 월급은 그대로고 두 아이의 부모가 되었지만, 경제적으로는 더 단단해졌다. 모자가 많은데 모자 살 필요 없으니까. 이 단순한 한 문장 덕분에 먹고사는 일에 자신감이 생겼다. 돈 문제만큼은 행복해지기까지 했다. 즐겁게 잘사는 데 큰돈 안 든다는 사실을 깨달았다.

애서가와 절약가는 꽤 어울린다. 궁합이 맞다. 절약하려면 책을 읽어야 하고, 책을 읽다 보면 다시 절약하게 되는 선순환이 일어난다. 오늘 아침 읽은 육아서에서도, 아이는 돈으로 키우는 게 아니라 사랑으로 키운다는 문장을 만났다. 밑줄 쫙 긋고, 필사했다. 덕분에 사고 싶던 유아 전집 대신 도서관에서 신간 동화 다섯 권을 빌려왔다.

코로나가 궁금해서 읽었던 《코로나 사피엔스》에서도 최대로 부유한 삶이 아니라 '적정한' 삶을 살아야 코로나 바이러스 같은 비극을 겪지 않을 거라 한다. 이런 글을 읽은 날에는 면생리대 빨래도 귀찮지 않다. 일회용 생리대처럼 쓰고 버리지 않으니 '최대로 편리'하진 않지만 손빨래 정도면 괜찮다. 물론 매달 2만 원씩 쓰던 생리대값도 굳었다.

절약을 촉진하는 책으로 꼭 재테크 서적이나 절약을 목적으로 쓰인 책이 아니어도 좋다. 언제, 어디서나 절약 촉진제들은 곳곳에 있기 마련이니.

*   유발 하라리, 조현욱 옮김, 《사피엔스》, 김영사, 2015년, 135.
**   마하트마 간디, 이현주 옮김, 《간디의 편지》, 원더박스, 2018년, 40.

내 삶을 바꾼,
10원도 안 쓰고
사는 남자들

앞으로 소개할 두 사람은

궁상맞은 절약이 두려운 우리를

고상하고 거룩한 절약의 세계로 안내해준다.

바로 헨리 데이비드 소로와 마크 보일이다.

◇◇◇

나는 절약 하면 물고기가 생각난다. 전래동화 속 절약가들이 생선을 귀하게 여겨서 그렇다. 자린고비 영감은 귀한 굴비가 아까워 공중에 걸어놓고 눈으로 보며 반찬 삼았고, 어떤 부잣집 며느리는 생선 장수의 생선을 고르는 척 이리저리 만져보다가 생선 냄새 밴 손을 씻어 그 물로 고깃국을 끓였다. 자린고비 영감이야 제멋에 산다 해도 부잣집 며느리가 생선 장수에게 끼친 민폐는 혀를 내두를 정도다.

적당히 쓸 줄 몰라 즐길 줄 모르고, 자기 몫만 챙기는 사람. 절약가들의 평균적인 이미지가 그럴 것이다. 그러니 지인을 만나 서로의 안부를 전할 때 "요즘 허리띠 졸라매요"라는 말보다, "주말에 패밀리레스토랑 다녀왔어요"라고 말하는 게 더 쉬울지도 모르겠다.

하지만 고상하게 절약하는 사람들이 있다. 바로 헨리 데이비드 소로와 마크 보일Mark Boyle이다. 이 두 사람은 궁상은커녕 고상한 절약을 해냈으며, 고상에 더해 거룩한 가난을 기록한 사람들이다.

헨리 데이비드 소로의 《월든Walden》 그리고 마크 보일의 《돈 한 푼 안 쓰고 1년 살기The Moneyless Man: A Year of Freeconomic Living》를 읽고 나면, 생선 만진 손을 물에 담가 국 끓이는 절약이 아닌, 즐겁고 명랑한 절약법의 실마리를 얻을 수 있다. 이제부터 우리를 자발적 결핍으로 이끌어줄 두 권의 책을 소개하겠다.

사치품보다 원시적 즐거움을,《월든》

소로가 살던 19세기 미국은 21세기 대한민국과 다를 바 없었다. 집값은 반평생을 일해야 겨우 한 채 마련할 수 있을 정도로 비쌌다. 그러나 임금은 턱없이 부족했고, 노동 강도는 가혹했다. 그 와중에 편리한 사치품은 속속 생겨나 고급 양탄자와 호화 가구, 커피와 버터, 고딕 양식의 주택은 필수품처럼 여겨졌다. 사람들은 필수품이 된 사치품을 소유하기 위해 일했다.

내가 무엇보다 소중하게 여기는 것은 얽매임이 없는 자유이고 경제적으로 풍족하지 않더라도 나는 행복하게 살아나갈 수 있으므로 값

비싼 양탄자나 다른 호화 가구들, 맛있는 요리 또는 그리스식이나 고딕 양식의 주택 등을 살 돈을 마련하는 데에 내 시간을 허비하고 싶지 않았다.*

소로는 호화 가구를 얻기 위한 지나친 노동에 문제의식을 느꼈다. 그리고 실험을 시작했다. 월든은 호숫가에 직접 오두막을 지었다. 6개월에 걸쳐 집을 지은 후, 건축에 들어간 비용을 계산했더니 겨우 하버드대학교 기숙사의 1년치 비용 정도로 평생 머물 수 있는 보금자리를 만들 수 있었다. 누군가 지어놓은 집을 사려면 반평생 동안 적은 임금을 받으며 고된 노동을 해야 했다. 그러나 그는 스스로 집을 지음으로써 반평생의 경제적 자유를 얻었다.

집을 마련하고 나서 농부는 그 집 때문에 더 부자가 된 것이 아니라 실은 더 가난하게 되었는지 모르며, 그가 집을 소유하는 것이 아니라 집이 그를 소유하게 되었는지 모른다.**

소로는 실험을 이어갔다. 집을 지었던 6개월을 포함해 2년 2개월 동안 월든 호숫가에 직접 지은 10평 남짓의 작은 집에서 자급자족했다. 농사와 낚시로 먹거리를 자급하며, 현금이 필요할 땐 마을로 내려가 일을 하고 임금을 받았다. 효모와 버터를 뺀 빵을 맛있게 먹고, 재단사가 혀를 차는 스타일의 옷이지만 취향껏 입었다.

2년의 실험 동안 소로가 얻은 것은 강도 높은 노동에 얽매이지 않는 자유였다. 그는 책을 읽고 싶을 때 책상에 앉았고, 글을 쓰고 싶을 때 펜을 들었다. 호숫가 주변의 동식물을 관찰하며 그림도 그렸다. 사치품을 내려놓음으로써 비로소 원시적 즐거움을 풍성히 누리게 된 것이다.

생활필수품을 마련한 다음에는 여분의 것을 더 장만하기보다는 다른 할 일이 있는 것이다. 바로 먹고사는 것을 마련하는 투박한 일에서 여가를 얻어 인생의 모험을 떠나는 것이다. (…) 우리들은 사치품에 둘러싸여 있으면서도 수많은 원시적인 즐거움의 면에서는 가난하기 짝이 없다.***

《월든》을 만나기 전, 절약 때문에 지쳐가던 중이었다. 외식을 줄여가며 힘들게 아껴야 하는 건가 회의감이 들 때면 '지금 조금 참고 종잣돈 많이 모아서, 재테크 성공해야지. 그리고 부자

되면 인생 더 즐겁게 사는 거야'라는 생각으로 버텼다. 노후에 넉넉한 살림을 살고 싶다는 한 가지 바람만이 절약의 유일한 이유였다.

소로는 달랐다. 넉넉한 살림 그 자체가 발목을 잡는다는 이야기를 해준 사람은 소로가 처음이었다. 덕분에 미래에 백만장자가 되기 위해 한 달 식비 45만 원으로 사는 게 아니라, 노동을 줄이고 책 읽고 산책하고 싶어 적은 돈으로 살기 시작했다.

왜 우리들은 이렇게 쫓기듯이 인생을 낭비해가면서 살아야 하는가? 우리는 배가 고프기도 전에 굶어죽을 각오를 하고 있다. 사람들은 제때의 한 바늘이 나중에 아홉 바늘의 수고를 막아준다고 하면서, 내일의 아홉 바늘 수고를 막기 위해 오늘 천 바늘을 꿰매고 있다.[****]

《월든》을 다 읽고 두 가지 생각을 했다. 나는 도저히 소로처럼 완전한 자급자족의 삶은 살 수 없다는 것, 다른 하나는 그래도 비슷하게는 살고 싶다는 것이었다. 더 잘살고 싶다는 욕망에 책 읽을 시간도 없이 일하느니, 적당히 벌고 덜 쓰며 살고 싶어졌다.

절약으로 지구 살리기, 《돈 한 푼 안 쓰고 1년 살기》

마크 보일은 냉난방이 안 되는 이동형 주택에서 1년을 살았다. 돈 한 푼 쓰지 않기로 작정했기 때문이다.

돈 없이 살기 위해 전기부터 종이까지 자급했다. 먹거리는 야생에서 채취하거나 마트에서 폐기하는 식재료들로 해결했다. 마트에서 폐기하는 식재료들은 충분히 먹을 수 있는데도 유통기한이 지났거나 상품에 흠이 있다는 이유로 버려졌다. 옷은 기존 옷을 수선하거나 친구들이 버린 옷을 입었고, 겨울철 샤워는 태양열 온수기를 썼다. 당연히 자동차는 없었다. 자전거로 수십 킬로미터를 달렸다.

마크 보일은 21세기 영국에서 왜 이렇게 극단적으로 살았던 걸까? 이유는 단 하나였다. 석유 사용을 최소화하기 위한 실험이었다.

그는 석유를 많이 쓸수록 해롭다고 설명한다. 첫 번째 이유는 석유를 태울수록 기후변화를 가속하기 때문이고, 두 번째 이유는 피크 오일peak oil이다. 피크 오일이란 석유 생산이 최고조로 이르는 시점으로, 이후 한정된 매장량으로 인해 급격히 석유가 줄어들며 세계경제가 어려워지는 상황을 뜻한다.

그날 밤, 나는 지구가 병들고 있음을 말해주는 이런 징후들이 예전에 생각했던 것처럼 서로 무관한 것이 아니며, 또 그 징후들을 두루 일으키는 거대한 원인이 하나 있다는 것을 깨달았다. 우리 모두가 자신이 소비하는 물건으로부터 단절되어 있다는 사실이 바로 그 원인이라는 깨달음이었다.*****

그렇다면 석유를 최대한 안 쓰는 방법은 무엇일까? 마크 보일이 찾은 해답은 돈을 안 쓰는 일이었다. 돈으로 교환하는 모든 물건, 음식, 서비스에는 제조에서 유통까지 화석연료가 필요하다. 소비하지 않으면 물건을 만들지 않는다. 생산과 유통 과정에서 쓰일 석유를 줄일 수 있다.

그는 과잉생산, 과잉소비만 줄여도 기후위기와 경제공황을 막을 수 있음을 알리고 싶었다. 그래서 1년 동안 돈 한 푼 안 쓰는 삶에 대해 칼럼을 쓰고, 가능한 많은 취재에 응했다. 한국 다큐멘터리 팀을 포함해 전 세계의 취재팀이 그의 집을 드나들었다.

거기에는 한국 다큐멘터리팀도 있었다. "지난 10년 동안 돈을 쫓는 성향이 더욱 강해진 한국인들이 깊게 생각할 소재로 훌륭"했기 때문이다.

책을 읽으면서 묵직한 책임을 느꼈다. 돈을 지불한다고 해서 내게 자연을 파괴할 권리는 없었다. 그럼에도 나는 가스비 낼 돈이 넉넉하다고, 보일러를 겨울철 적정 실내 온도 20도 이상으로 틀었다. 그만큼 화석연료를 많이 태운 거다. 옷 살 돈이 많다고 쉽게 싫증을 내고 다시 저렴한 새 옷을 샀다. 그만큼 섬유를 만들기 위해 석유를 쓴 거다. 버려진 옷을 묻은 땅도 오염되었을 것이다. 장난감 까짓것 몇 푼 한다고 마트에서 아이가 들고 오는 것을 사줬더니, 플라스틱을 만드느라 또 석유가 들어갔다. 그리고 몇 년 후 버리면, 그대로 땅과 바닷속 미세플라스틱이 될 것이다.

지속된 석유 사용은 미세먼지와 기후위기로 돌아오고 있다. 시간이 좀 더 지나면, 석유의 매장량이 얼마 남지 않아 세계경제가 휘청할 것이다. 그렇다고 우리가 마크 보일처럼 살 수는 없다. 문명의 편익을 누리는 우리가 할 수 있는 일은 없는 걸까?

있다. 마크 보일처럼 무일푼으로 사는 최선은 아니지만, 차선은 된다. 바로 최소한의 소비다. 아예 안 쓸 수는 없지만, 돈을 덜 쓰기 위해 애써보자. 차선은 힘이 세다. 우리의 차선이 모여 자연을 지킬 수 있다. 현관 밖 미세먼지가 집 안으로 들어올까 봐 공기청정기 틀어놓고 벌벌 떨지 않을 날을 우리의 노력으로 만들 수 있다.

난방 온도 낮추고 옷 겹겹이 입기. 외식 말고 집밥 먹기. 되도록 유기농 식재료 쓰기. 고기 과잉섭취 줄이기. 청소기 대신 물걸레질하기. 자연의 품에서 아이들과 놀기. 자동차 고장날 때까지 타기. 스마트폰 최대한 오래 쓰기. 갖고 싶었던 식기세척기, 의류건조기, 무선 청소기 안 사기. 소비를 통제해 쓰레기 자체를 만들지 않기 등 덜 쓰는 삶은 개인의 경제적 여유뿐만 아니라 지구에게도 이롭다. 지구를 위한 절약, 당신의 삶을 조금씩 따뜻하게 데워주리라 믿는다.

일본의 북디렉터 하바 요시타카幅允孝는 말한다. "책 따위 읽지 않아도 좋습니다. 하지만 읽으면 더 좋습니다." 마찬가지로 소개한 두 권의 책을 읽지 않아도 좋다. 하지만 읽으면 더 좋다. 궁상맞은 절약이 두려운 우리를 고상하고 거룩한 절약의 세계로 안내해줄 테니까.

---

*   헨리 데이비드 소로, 강승영 옮김, 《월든》, 은행나무, 2012년, 109.

**   같은 책, 58.

***   같은 책, 33.

****   같은 책, 143.

***** 마크 보일, 정명진 옮김, , 《돈 한 푼 안 쓰고 1년 살기》, 부글북스, 2010년, 18.

필요한 것만
남기고
행복을 찾은 사람들

제프 시나바거와 곤도 고타로는 말한다.

우리는 이미 가진 것이 많다고.

이것만 깨달아도

하고 싶은 일을 하면서 자유롭게 살 수 있다.

◇◇◇

하기 싫은 일이라도 참고 견디라고 배웠다. 먹고사는 일 앞에서 적당히 타협해야 먼 훗날의 불상사를 예방할 수 있기 때문이다. 하고 싶은 일로 성공할 수 있을지도 모른다. 하지만 실현 가능성은 높지 않다. 그게 이 세계의 상식이다.

그래도 마음 한편 꿈꿔왔다. 하고 싶은 일을 해도 굶지 않는 방법이 어딘가에 있으리라 믿었다. 운이 좋은 소수의 이야기 말고 누구에게나 넓고 활짝 열린 길이 있기를 바랐다.

그러던 중 두 권의 책에서 참신한 해법을 찾았다. 미국의 사회운동가 제프 시나바거Jeff Shinabarger와 일본 아사히신문 기자 곤도 고타로가 제시한 냉장고 파 먹기와 벼농사였다.

해법1 욕구를 줄이는 것, 《이너프》

《이너프More or Less》의 저자 제프 시나바거는 어느 해 1월

카드 청구서를 받아들고 기겁한다. 1,600달러(한화 약 180만 원)라는 숫자가 찍힌 청구서였다. 저렴해서, 친구가 기뻐할 모습에, 독특한 상품이라서 등 다양한 이유로 크리스마스 선물을 마구 사들인 게 화근이었다. 아무 생각 없이 긁었던 카드는 1,600달러의 빚이 되어 되돌아왔다.

결국 시나바거의 1월 생활비 잔고는 0원이 되었다. 쓸 수 있는 돈이 더는 없었다. 굶주림의 공포를 느낀 그는 아내에게 한 가지 제안을 한다.

"우리 한 달 동안 장 보지 말자."

1월 한 달 식비 0원. 아내는 말도 안 된다며 손사래를 쳤다. 하지만 별수 있나. 당장 갚아야 할 돈이 1,600달러다. 다른 뾰족한 수도 없으니 더 이상 고집 피울 수 없었다. 우유만 빼고 일절 사지 않기로 했다. 냉장고와 찬장에 있는 식재료만으로 한 달 살기! 궁극의 냉장고 파 먹기, 미국인 버전을 시작했다.

시나바거 부부는 처음에 냉동실에서 고기를 발견했다. 고기에 냉장실 채소를 곁들여 건강식을 만들었다. 다음에는 옥수수 머핀을 발견했고, 냉동실 밑바닥에서 냉동식품 다섯 통을 찾아냈다. 냉동실을 더 파보니 브라우니 두 상자와 케이크믹스가 나왔고, 냉동 빵 여섯 통도 있었다. 통조림 수프, 스파게티, 마카

로니, 사과주스, 젤리, 라면, 분말주스 그리고 팬케이크까지 먹어도 먹어도 끝없이 먹을 게 나왔다.

1월 내내 '식비 무지출'은 성공했을까? 물론! 심지어 7주나 이어갔다. 그 사이 체중도 3킬로그램 더 늘었다고 하니, 굶으면서 한 건 아닌가 보다. 단지 잊고 살았던 어마어마하게 많은 식재료들을 먹었을 뿐이다.

당장 카드빚에 쪼들리던 한 사람은 눈앞의 냉장고 덕분에 위기를 모면했다. 그리고 소비 체질도 변했다. 이제 그는 깨달아 버린 거다. 마트에서 더 많이 사지 않아도, 그의 살림은 책 제목처럼 이미 이너프enough! 충분했다는 걸 말이다. 그동안 시나바거에게는 돈이 없다, 더 많이 벌어야 한다는 마음의 짐이 그득했다. 하지만 냉장고를 파 먹어보니 가진 게 너무 많았다. 가진 것을 외면한 채 더 많은 것을 쟁이려고 욕심을 부렸을 뿐이다.

시나바거는 냉장고 파 먹기 이후, 넘치는 자신의 자본을 나누기 시작했다. 잔액이 애매하게 남은 기프트카드를 모아 사회단체에 기부했다. 뒷마당을 마을 공동체의 텃밭으로 내놓아 함께 작물을 거뒀다. 자신에게 너무 많아 소화하기 힘들던 강의 자리를 이제 막 강사를 시작하는 이웃에게 양보했다. 종료된 광고 현수막으로 가방을 만드는 회사를 만들고, 난민들을 고용

해서 난민 일자리를 창출했다.

시나바거는 하고 싶은 일을 해도 굶지 않을 대안으로 "욕구를 줄여야" 한다고 했다. 우리는 부족하지 않다. 충분하다. 가진 것이 충분히 많다는 것만 깨달아도 소비할 일이 준다. 삶의 유지비가 줄어들면, 적은 돈으로도 겁나지 않는다.

해법2 돈들이지않고도할수있는일찾기,《최소한의밥벌이》

미국에 크리스마스 선물을 왕창 사다가 냉장고 파 먹기를 하게 된 사내가 있다면, 일본에는 더 사연 많은 괴짜가 있다. 아사히신문에서 30년 넘게 글을 써 온 기자, 곤도 고타로다. 그는 협동능력 제로의 사나이다. 정해진 주제로 협업해서 글 쓰는 일을 못 한다. 결국 쓰고 싶은 글만 쓰느라 승진을 못 했다. 아사히신문 도쿄지국 부장들은 모두 그의 후배다. 이리저리 자존심 긁히며 체면이 말이 아니다.

문제는 여기서 끝이 아니라는 거다. 독서 인구가 줄어 일본 신문 산업이 점점 사양길을 걷고 있는 와중에 아사히신문은 후

쿠시마 원전사고 처리 문건에 대한 대형 오보를 내버린다. 아사히신문 사장은 사퇴하고, 독자들의 실망은 극에 치닫는다. 글쟁이로서 자리가 점점 좁아지고 만다.

부업을 할 수도 없었다. 일본에는 비합리적인 과잉노동이 흔했다. 적은 돈을 더 벌려면 일을 아주 많이 해야 했다. 시키는 글을 쓰기 싫어서 승진도 안 한 사람인데, 부업을 위해 글 쓰는 짬을 내놓을 리가 없었다. 글은 쓰고 싶고, 글로 밥 벌어먹기는 어려운 이 진퇴양난 같은 상황을 어떻게 하면 좋을까?

고타로의 선택은 압권이다. 반백 년을 도쿄에서 살아온 중년 남성은 나가사키현으로 벼농사를 지으러 가버린다. 사회는 바뀔 리 없으니 자기 한 몸만 벗어나면 된다면서 말이다.

고타로는 하루 한 시간 벼농사로 혼자서 1년 동안 먹을 쌀을 재배하고 먹으며 글을 쓰기로 한다. 가장 중요한 일은 글쟁이로 사는 것. 하고 싶은 일, 하지 않으면 죽을 것 같은 이 일에 몰두하려면 최소한의 식량이 필요하다.

벼농사를 지으면 굶어죽을 일은 없다. 흰쌀밥을 이제 내 손으로 마련하겠다. 될 수 있으면 '최소한'의 시간과 노력을 들여서. 생활의 중심은 어디까지나 글쓰기. 그게 바로 얼터너티브 농부다.*

고타로는 미니멀리스트가 아니다. 자연주의나 유기농에 대한 환상도 없었다. 1인분의 쌀만 필요할 뿐이었다. 벼농사는 어디까지나 대안이었다. 목적은 글쓰기다. 벼농사를 짓기 위한 게 아니라 글을 쓰면서도 먹고살기 위해 나가사키현에 왔으니, 벼농사는 행복할 만큼만 했다.

행복하려면 스타일도 살아야 했다. 고타로는 알로하 셔츠를 입고, 중고 포르쉐 오픈카를 타고, 멕시코 모자를 쓴 채 논으로 나갔다. 농사일이 힘들어서 귀농을 포기하는 사람이 많다고 들었는데, 이렇게 대충 지어서 1인분 쌀(60킬로그램)을 재배할 수 있을지 조마조마했다.

그런데 하루 한 시간 벼농사의 결과는? 대풍이었다! 85킬로그램의 흰 쌀을 얻어내고야 말았다. 두 번의 태풍을 맞고도 풍작이었다. "바보가 심고 얼간이가 베도 쌀은 나온다"라던 고타로의 말은 참말이었다.

이뿐만 아니라 원고 청탁도 늘었다. 행복을 찾아 나선 사람의 글에는 힘이 있었다. 후쿠시마 원전 오보 사건으로 아사히 신문에 등 돌렸던 독자들이 고타로의 좌충우돌 연재에 환호했다. 독자들이 좋아할 만했다. 고타로는 하루하루가 즐거워 견딜 수 없을 지경이라 말하는데, 그의 마음이 글에 실리지 않았을 리 없다. 최소한의 노동으로 먹고사는 문제를 해결하고, 나머지 시간은 하고 싶은 일만 하며 사는 삶 자체가 독자들의 고단한 삶을 위로해줬는지도 모른다.

"저는 벼농사 지을 땅이 없어요."

"저는 도시에 살아요."

염려 마시길. 벼농사는 상징일 뿐이다. 먹고사는 일에 큰돈 들이지 않아도 된다는 자립의 은유다. 텃밭 한 뙈기 없는 아파트에서는 일상의 기본적인 부분을 자급자족하는 데서 시작할 수 있다. 먹고사는 데에 큰돈 들이지 않을 수 있다면 고타로만큼이나 '최소한의 밥벌이'에 성공한 셈이다.

도시형 자급자족 방법으로는 무엇이 있을까? 식당에서 돈 주고 사기보다, 집에서 가볍게 요리해 먹기, 뜯어진 옷은 직접 수선해 입기, 최신 가전제품의 힘을 빌리지 않고 가사일하기, 입장료를 내지 않아도 되는 공원과 산, 들, 바다에서 여가를 즐기기, 자녀에게 직접 책 읽어주고, 한글과 셈을 가르쳐주기.

하고 싶은 일을 해도 굶지 않을 두 번째 대안은 돈 들이지 않고도 할 수 있는 일들이 있다는 걸 알아채는 거다. 쌀을 상품으로 팔면 농사에 들이는 품에 비해 헐값이지만, 직접 먹을 쌀이라면 먹거리 자립이다. 마찬가지로 우리의 집밥과 바느질과 설거지를 상품으로 팔면 헐값일 수 있다. 하지만 내 삶의 기본을 꾸리는 일이라면 '자립'이다.

냉장고 파 먹기와 벼농사는 닮았다. 하고 싶은 일을 해도 자립할 수 있다는 용기를 준다. 충분히 많이 가졌음을 알고 돈 주고 해오던 일들을 직접 해낸다면 먹고사는 고민을 덜고, 원하는 삶을 살 수 있다. 게다가 《이너프》와 《최소한의 밥벌이》가 보여주는 덜 쓰는 삶의 모습은 누구나 해봄직한 일이다. 진입장벽이 낮다. 행복에 대한 관점도 다르다. 여기서 행복한 사람은 자유롭고 안정적인 사람이다. 하고 싶은 일을 마음껏 해서 자유롭되, 적게 소비하고 직접 생산한다. 나만 열심히 하면 된다. 먹고사는 일이 내 손아귀에 있으니 미래에 대한 불안이 줄어든다.

우리는 많이 가질수록 좋고, 최신 물건일수록 삶의 질이 개선된다는 세계관 속에 살고 있다. 이 보편의 상식은 공장을 바삐 돌아가게 하고 소비를 촉진한다. 여기에 맞서 싸울 필요는 없다. 무시가 답이다. 남이야 그러거나 말거나. 옷을 꿰매 입고, 인스턴트커피 한 잔에 책 한 장 읽는 시간을 즐기면 된다. 그거면 충분하다.

---

*   곤도 고타로, 권일영 옮김, 《최소한의 밥벌이》, 쌤앤파커스, 2019년, 69.

최악의
미세먼지를 줄이는
가장 빠른 길

살까 말까 망설일 때 사지 않는 것.
기후변화를 더디게 하고
미세먼지를 줄이는 가장 빠른 길은
'사지 않는 일'이다.

✧✧✧

산신령이라든가, 옥황상제라든가, 옛날 옛적 미신을 졸업한
지 오래다. 그런데 강원도 동해시에 살면서 어마어마하게 높이
솟은 태백산맥을 마주할 때면 그렇게 든든할 수가 없다. 겹겹
이 쌓인 모습이 장엄하기도 한데다가 더 든든한 건 우월한 기
후 생성자이기 때문이다. 동쪽 바다와 태백산맥의 환상적인 협
동 덕분에 여름에는 서늘하고, 겨울은 따뜻하다. 더군다나 미
세먼지로 대한민국이 끙끙 앓을 때, 태백산맥 너머 바닷가 동
네는 그나마 편히 숨쉴 수 있다. 이러니 산신령과 선녀를 졸업
한 서른네 살 애 엄마도 태백산맥님을 보면 그렇게 자랑스러울
수가 없다.

그러나 요즘처럼 막대한 양의 미세먼지에는 태백산맥도 속
수무책으로 무너진다. 미세먼지에 흐려진 태백산맥을 보면 창
문을 닫아놓아도 숨쉬기 두렵다. 미세먼지 수치가 300을 넘
어서 울리는 '외출 자제' 경고를 보노라면, 영화 〈인터스텔라
Interstellar〉의 모래폭풍이 곧 우리의 현실이 돼버릴 듯하다. 태
백산맥도 미세먼지를 막지 못하는데, 환경파괴는 이미 넘을 수

없는 선을 넘어버린 건 아닌가 두렵다.

영화에서는 늘 영웅이 등장했다. 위험하고 다급한 상황일 때면, 미국을 중심으로 뛰어난 과학자, 리더십 있는 정치인이 짜잔 나타나 문제를 해결해줬다. 나 같은 일반 시민들은 위기상황에서 벌벌 떨고만 있으면, 알아서 다 해줬다.

현실에서도 누가 다 해줄 줄 알았다. 상상해봤다. UN을 중심으로 기후위기에 대응하는 강력한 규제가 동원되는 거다. 예를 들어 최소한의 교통수단과 공장 생산만을 허락하고, 탄소배출량을 일시 정지할 특단의 조치라도 나올 줄 알았다.

심각한 기후위기 앞에서 전 인류가 합심할 만도 한데, 사람들은 아마존강을 개발하는 브라질 대통령만 비난했다. 2019년 도널드 트럼프Donald Trump 대통령이 기후협약에서 탈퇴를 선언하며 "American First!"를 외쳤다. 할리우드 영화에서 지구의 평화를 위해 외계인을 잡는 미국 대통령은 없다. 자동차와 공장도 멈추지 않는다. 탄소 배출량과 경제성장은 연결된다. 경제력은 안보와도 직결된다. 자본주의 세계에서는 돈 많은 나라가 힘도 세다. 상황이 이러하니 어느 누구 하나 나서 '공장을 멈춥시다!'라고 말하기는 어렵다. 영웅은 나타나지 않는다. 아니, 영웅은 나타날 수 없다.

2020년 여름에는 비가 두 달 동안 내렸다. '장마가 아니라 기후위기입니다'라는 호소가 넘쳐나도 사람들은 기어이 에어컨을 켜고 말았다. 2020년 겨울에는 한국이 북극보다 더 추웠다. 제트기류가 망가져 북극의 냉기가 그대로 한반도를 덮친 거다. '한파가 아니라 기후위기입니다'라고 외치지만 동네 뒷동산 나무를 베어낸 자리에 상가와 아파트를 올리는 데 거리낌이 없었다.

코로나와 사스, 메르스 같은 각종 감염병도 인간이 야생동물의 서식지를 파괴해서 일어난 일이다. 집을 잃은 야생동물들은 우리들의 집과 가까워졌다. 그렇게 사스는 박쥐에서 사향고양이로, 메르스는 박쥐에서 낙타로, 코로나는 박쥐에서 어떤 중간 숙주를 통해 우리에게 왔다. 그렇지만 우리는 여전히 넓고 긴 고속도로와 고속열차가 자기 지역으로 들어올 수 있도록 국민청원 게시판에 글을 쓴다.

이뿐일까. 혹한, 혹서, 때로는 이례적인 가을 태풍까지. 이 모든 기후위기는 화석연료를 태움으로써 우리가 자초한 일이다. 화석연료는 먼 중국 공장 이야기만은 아니다. 당장 나부터도 화석연료를 태워 생산한 전기가 있어야 노트북으로 글을 쓸 수 있다. 또한 이 노트북을 만든 중국 공장에서도 전기를 사용할 것이며, 배와 트럭을 타고 우리 집으로 유통되는 데도 석유를 사용할 것이다.

우리가 돈을 주고 교환하는 모든 재화(가령 난방, 옷, 장난감 등)에는 화석연료가 빠지지 않는다. 생활의 편리함은 돈으로 해결할 수 있다. 그러나 기후위기는 돈으로 해결하기 어렵다. 돈을 쓰면 쓸수록, 사치품에 길들여질수록, 탄소 배출물은 늘어나고 기후위기를 돌이키기 어려워진다.

1년 내내 방심할 수 없는 미세먼지는 물론, 쓰레기 대란과 2020년 두 달 동안 이어지던 장마(아니 기후위기), 시베리아 빙하를 녹인 38도 폭염에 위기감을 느꼈다. 세 번의 가을 태풍에 자주 가던 빵가게가 물에 잠긴 모습도 보았다. 참담했다. 나는 작은 개인이었기에 무기력하게 견뎌야 하는 걸까.

아니다. 우리가 당장 할 수 있는 일이 있다. 살까 말까 망설일 때 사지 않는 것. 덜 쓰는 일, 절약은 비교적 쉬우면서도 환경을 살리는 본질적인 일이다. 즉 소비를 줄임으로써 화석연료를 최소화할 수 있다. 기후변화를 더디게 하고 미세먼지를 줄이는 가장 빠른 길은 '사지 않는 일'이다.

대량소비에 가려져 있던 '대량생산'과 '대량폐기'를 기억해야 한다. 사지 않는다면 생산과 폐기에서 발생할 탄소 배출물을 줄일 수 있다. 과잉소비에 위기감을 느끼는 사람들이 점점 늘어날 때 그들을 의식한 친환경법들도 하나둘 고개를 들 것이다. 쇼핑이야말로 자본주의 사회에서 가장 힘이 센 투표다.

역사는 인류를 위해 흘러가지 않는다. 최악의 상황이 오기 전에 하나둘 움직여야 한다. 그저 시대 흐름에 몸을 맡기다 보면 우주의 먼지보다 작은 나와 당신을 역사와 정의가 챙겨주지 않는다. 역사가 책임지지 않는 나 자신을 지키는 유일한 방법은 역시 몸을 움직여 실천하는 일이다.

우리는 완벽한 환경운동가는 될 수 없지만, 누구나 어설픈 환경지킴이는 될 수 있다. 마트에서 핼러윈 장식을 살까 말까 고민한다면 손에 든 잭오랜턴(호박 장식)을 내려놓기부터 해보자. 살까 말까 망설여질 때 물건 내려놓기. 어렵지만 해볼 만한 일이다.

지구별의
악당은 바로
나였습니다

스타일 있는 미니멀리스트가 되고 싶다.

하지만 10년 뒤에나 가능할 것 같다.

충동구매를 일삼던 미혼 시절 동안 사둔 물건들이

아직 너무 튼튼하기 때문이다.

스타일 있는 미니멀리스트가 되고 싶다. 하지만 10년 뒤에나 가능할 것 같다. 충동구매를 일삼던 미혼 시절 동안 사둔 물건들이 아직 너무 튼튼하기 때문이다. 이 물건들이 망가지고 해지려면 10년은 걸리지 않을까?

결국 나는 멋없는 미니멀리스트가 돼버렸다. 스타일의 완성은 10년 뒤에나 꿈꿔본다. 어쩔 수 없다. 돈을 우습게 알고 '지금 당장'의 기분에 휩싸여 물건을 고른 대가니까. 당시에는 점퍼 하나를 살 때도 고민은 짧고, 결제는 빨랐다.

"이 점퍼가 질리면, 그때 새 점퍼를 사면 되니까."

옷이나 신발, 가방과 액세서리가 망가지거나 해져서 새로 산 적은 없었다. 그저 지겨워지면 쇼핑했을 뿐이다. 막 샀고, 대충 골랐다. 덕분에 지금은 100퍼센트 마음에 들지 않는, 스스로도 조금은 스타일 없게 느껴지는 옷과 가구들을 끌어안고 살아간다.

이제라도 알았으니, 마음에 안 드는 물건을 버리고 튼튼한 새 물건들과 미니멀하게 살아볼 기회일지도 모른다. 하지만 이런 스타일쯤은 10년 뒤로 양보하기로 했다. 기후위기와 코로나, 미세먼지 그리고 플라스틱 팬데믹이 계속되는 이 엉망진창인 시대에 경악했기 때문이다. 소비를 할 때마다 죄책감이 들었다. 살던 대로 살 수가 없었다. 새 옷을 살까 고민하다가도 기후위기가 걱정돼서 올해까지만 더 입어보자며 버티게 됐다.

내 얘기인데 남 얘기 같을 때가 있다. 초대 국립기상과학원 원장 조천호 박사가 '한국인은 지구 3.5개어치 자원을 소비하고 있다(2018년 기준)'라고 알려준 때가 그랬다. 이 기사를 읽는 순간에도 '나는 지구 1개어치일 거야'라는 한가한 생각을 했다.

궁금했다. 집 안 전구들도 LED로 교체했고, 우유를 살 때도 비닐 사용을 최소화한 기업의 제품을 구매했다. 비닐도 여러 번 씻어 쓰며 식비도 4인 가족 하루 1만 5,000원으로 제한했다. 이런 내 삶을 유지하는 데는 몇 개의 지구가 필요할까?

생태발자국(사람이 사는 동안 자연에 남긴 영향을 토지의 면적으로 환산한 수치)를 스스로 계산할 수 있는 사이트(https://www.footprintnetwork.org)로 들어가 직접 계산했다. 총 열세 가지 질문에 답을 해야 했다.

① 육식 비중 ② 로컬 음식(음식 생산 거리 320킬로미터 이하)과 가

공식품의 비중 ③ 주거 형태 ④ 집을 지은 주재료 ⑤ 가족수와 평수 ⑥ 가정 내 에너지 효율 ⑦ 재생에너지 비율 ⑧ 물건을 얼마나 많이, 자주 사는지 ⑨ 일주일 차량 주행거리 ⑩ 연비 ⑪ 카풀 비중 ⑫ 대중 교통 이용 거리 ⑬ 비행기 이용 시간

59제곱미터 콘크리트 아파트, 4인 가족, 일주일에 자동차로 100킬로미터 주행하는 우리 집을 기준으로 한 생태발자국 계산 결과가 나왔다. 지구 2.2개였다. 기후악당, 남 얘기가 아니라 내 얘기였다. 세계인의 자원 소비 평균은 지구 1.7개어치 만큼이라던데, 평균치를 갉아먹는 축에 속하다니! 오기가 생겼다.

그렇다면 지구 1개어치로 살려면 어떻게 살아야 하는 걸까? 사이트의 첫 질문으로 다시 돌아가, 지구 1개어치가 나올 때까지 생활양식을 조절해봤다. 그제야 어떻게 살아야 지구에 덜 해롭게 살 수 있는지 알 수 있었다.

첫째, 식탁을 바꿔야 한다. 채식을 지향하고 육식은 가끔 먹어야 한다. 그리고 320킬로미터 이내에서 생산된 음식을 먹고, 가공식품과 포장 음식을 식탁에서 10퍼센트 이하로 줄여야 한다.

나는 일단 고기를 좋아해서 난감했다. 혹시나 하는 마음에 육식 비중에 대한 답으로 '매일' '일주일에 몇 번'으로 바꿔 다

시 계산해봤다. 소용없었다. 고기 비중이 늘어날 때마다 소모되는 지구가 0.4개씩 늘어날 뿐이었다.

결국 남편과 나는 고기를 줄이기로 했다. 회사에서 먹는 점심이야 어쩔 수 없다 해도, 최소한 우리 집에서만큼은 내 돈 주고 소고기와 돼지고기 같은 붉은 고기를 사지 않기로 했다. 대신 일주일에 한두 번 닭고기를 먹기로 했다. 《사이언스Science》에 실린 2018년 논문 〈생산자와 소비자를 통한 식품의 환경 영향 감소Reducing food's environmental impacts through producers and consumers〉에 따르면 단백질 100그램당 평균 온실가스 배출량을 기준으로, 소고기는 100그램당 약 50킬로그램의 이산화탄소를 배출할 때, 가금류는 5.7킬로그램만 배출하는 덕이었다. 남편에게도 의견을 물었다.

"괜찮겠어? 고기 정말 좋아하잖아."

"먹을 때마다 지구가 망가진다니, 안 할 수가 없네."

우리는 그렇게 내 돈 내 산 붉은 고기를 없애고, 일주일에 한두 번 닭고기를 먹는, 물렁한 채식 지향 생활을 1년 가까이 실천하는 중이다.

둘째, 물건을 거의 사지 말아야 한다. 새 옷, 신발, 가전제품, 가구를 1년에 한두 번 살까 말까 해야 한다는 것이다. 물론 중고는 괜찮다.

이건 자신 있었다. 이미 우리 집 부부 의류 예산은 6개월에 10만 원이다. 한창 자라나는 아이들의 옷이야 어쩔 수 없지만, 웬만해선 사이즈가 변하지 않는 어른의 옷은 괜찮았다. 나는 아직 2020년 3월 이후, 의류 예산을 한 푼도 쓰지 않다가 2021년 6월, 여름옷으로 중고의류 네 벌을 구입했다. 배송비까지 3만 1,900원이 들었다. 인터넷에서 '중고의류'를 검색하면 사이트도 여럿 나와 구매가 쉬웠다. 새 옷 같지는 않지만 충분히 깔끔했다. 스웨덴의 환경운동가 그레타 툰베리Greta Thunberg가 새 옷을 안 사겠다고 선언할 만하다. 스타일을 맞춰 입기도 좋아 옷 걱정은 안해도 되겠다.

셋째, 여가는 집 근처에서 보내야 한다. 자동차 주행거리를 줄여야 하고, 비행기를 타지 말아야 한다. 1년에 한 번씩, 양가 어른들을 번갈아 모시고 해외여행 하려던 효심도 접어야 한다. 이쯤 되면 대체 무슨 재미로 사나 싶지만, 소비를 줄여도 재밌게 살아졌다.

한편으로 우리에겐 너무 당연했던 고기, 새 옷, 주말 나들이가 세계의 절대 다수들에게는 전혀 당연한 것이 아님을 깨달았다. 그동안 아주 많이 누렸음을 인정할 수밖에 없었다. 우리의 평범한 일상이 지구 3.5개어치였다.

기후위기를 극복하고 오래 살기 위해 내가 더 불편해져야 한다. 하지만 더 불행해지진 않을 것이다. 그동안 더 많이 소비해야 해서 더 많이 일하느라 바빴다. 누군가는 113만 원짜리 패딩을 입는다는데 나는 왜 못 입는 건지 괜히 위축되기도 했다. 겉보기에 화려하지 않은 내가 잘 살고 있는지 불안하기도 했다. 내 문제가 아니었다. 소비를 권하는 사회가 문제였다.

그러니 모두가 '덜 소비해야 한다'는 시대가 되면 한숨 돌릴 수 있지 않을까. 소비가 미덕인 시대에서 절약이 윤리인 시대로 바뀐다면, 아팠던 우리 일상도 회복될 수 있을 것이다. 생각해보면 삶의 기쁨이 소고기나 비행기를 타는 해외여행에만 있는 건 아니다. 그러니까 우리는 충분히 덜 소비할 수 있을 것이다.

20세기가 소비를 통해 풍요로워지는 시대였다면, 21세기는 덜 소비해도 얼마나 풍요로울 수 있을지를 가늠하는 시대가 될 것이다. 최소한의 생태발자국을 남기기 위해서는 최소한의 자원을 소비하며 인간다운 삶을 누려야 할 테니까.

지구를 지키는
백만장자가
될 거예요

더 많은 사람이 이웃집 백만장자가 되면 좋겠다.

기후위기로부터 인류와

여러 생태종을 구하기 위해서는,

이웃집 백만장자들의 생활습관이 절실하다.

◇◇◇

허름한 사람들이 있다. 자동차 한 대로 십수 년을 타고, 떨어진 단추를 꿰매어 옷을 오래 입는다. 온통 낡고 헌 물건으로 자신을 둘러쌌지만 그들의 자산을 함부로 가늠하기는 어렵다. 그들의 정체는 이웃집 백만장자들이기 때문이다.

토마스 J. 스탠리Thomas J. Stanley 교수와 윌리엄 D. 댄코 William D. Danko 조교수는 미국의 부유층이 어떻게 살고, 무엇을 소비하는지 연구했다. 그 기록을 책으로 펴낸 게《백만장자 불변의 법칙The Millionaire Next Door》이다. 재테크 책이라기보다는 보고서에 가깝다.

이웃집 백만장자들의 공통점은 무엇일까? 두 공동 저자의 결론은 '부유함'과 '부유층의 생활'이 어긋날 때가 많다는 것이다. 행색만으로는 진짜 부자를 구분하기 어렵다.

100만 원을 벌어서 100만 원을 다 쓰는 사람과 100만 원을 벌어서 50만 원을 쓰는 사람을 보자. 겉보기에 100만 원을 다 쓰는 사람이 부자처럼 보이겠지만, 알짜는 50만 원을 쓰는 사람이다. 번 돈보다 덜 쓰는 사람들, 이들이 '이웃집 백만장자'다.

모은 돈으로는 뭘 할까? 미국의 소박한 백만장자들이 그러하듯, 거품 목욕과 두툼한 스테이크, 잦은 해외여행에 돈을 쓰지 않는다. 그들은 땅 가진 호호 할머니, 할아버지가 되어 강아지 한 마리, 국화 정원 조금, 텃밭 한 뙈기와 함께 산다. 행복은 소비에만 있는 것이 아니라 안정감에도 있음을 아니까, 그렇게 산다.

내 꿈은 이웃집 백만장자가 되는 것이다. 그리고 더 많은 사람이 이웃집 백만장자가 되면 좋겠다. 더 정확하게 말하자면 가능한 많은 사람이 이웃집 백만장자처럼 생활하기를 꿈꾼다. 기후위기로부터 인류와 여러 생태종을 구하기 위해서는, 이웃집 백만장자들의 생활 습관이 절실하다.

절약가들이 잘산다. 덜 쓰면 모이는 게 당연하다. 단순한 덧셈과 뺄셈이다. 하지만 안타깝게도 단순한 산수를 '자린고비' '짠내' '궁색'으로 가려버리는 이야기의 힘이 더 세다.

냉장고 네 대 중 술 냉장고를 따로 둔 사람은 여유로워 보여야 하고, 삼시 세끼를 자급하며 밥을 짓는 사람은 미련해 보여야 한다. 우리의 스마트폰과 재킷은 여전히 멀쩡하지만, 멀쩡한 물건을 두고 새로 사지 않는 태도를 '성숙'이 아닌 '궁색'으로 여겨야 한다. 이 모든 게 기업의 노련한 마케팅 전략이다.

이 전략에 흠뻑 취할수록 우리는 점점 더 자산을 잃는다. 돈을 썼으니까! 그리고 우리가 자산을 잃은 딱 그만큼, 기후위기가 지속된다. 우리가 돈을 쓸수록 기업은 물건을 생산하고, 산을 깎아 광물을 채굴해서 캔커피를 만든다. 석유를 파내 플라스틱을 만들고, 도로 위 자동차를 굴리며, 공장에 쓰일 전기를 생산한다. 그 결과 탄소를 머금어야 할 산은 힘을 잃고, 바다는 산성화되었고, 대기 탄소층은 두꺼워진다. 지구는 뜨거워지고, 시베리아 동토층은 녹아 수백만 년 전 얼어버린 바이러스를 배출할 예정이다. 동아시아는 물에 잠길 것이고, 2020년에서 2030년 사이에는 기후 재난을 끊임없이 겪을 수밖에 없다.

2020~2050년은 인류가 가장 짧은 시간에 가장 큰 혼란을 겪을 시기가 될 것이다. 몇 년 차이는 있겠지만 이 시기는 3단계로 나뉜다. 그것은 우리가 아는 세계의 종말(2020~2030년), 생존 단계 (2030~2040년) 그리고 재생의 시작(2040~2050년)이다.*

석유를 쓰지 않아도 경제가 망하지 않을 방법을 찾을 때다. 물건을 생산하지 않아도, 매일 수천 대의 트럭이 서울을 들락거리지 않아도, 경제가 온전할 대안을 마련해야 한다.

그러나 우리는 소비를 포기하지 않을 것이다. 우리가 소비를 '행복'이라 믿는 한, 비행기를 타고 가는 해외여행, 거품 목욕과 두툼한 스테이크가 우리의 진정한 욕망이자 안정이라 여기기 때문이다. 기후위기 하나 막자고 유럽 여행을 가지 말자는 게 말이나 되는 소리냐고, 황당해할 것이다.

황당하겠지만, 지금은 집과 가까운 지역에서 여가를 누리는 게 낫다. 프랑스 환경 다큐멘터리 영화 〈내일 Demain〉의 감독 시릴 디옹Cyril Dion에 따르면 뉴욕과 런던을 비행기로 왕복하면 북극 얼음 3제곱미터가 녹는다.

나는 마늘 간장 양념한 도토리묵이 삼겹살이 올라간 상추쌈보다 낫다고 생각한다. 가축에게 먹일 사료를 재배하기 위해 아마존 열대우림이 깎이고 있다. 한살림 조길예 대표에 따르면 축산업에서 발생하는 온실가스는 전체의 18퍼센트다. 자동차, 배, 비행기가 내뿜는 탄소보다 13.5퍼센트 더 많다. 2014년 유엔총회 그리고 유네스코에서는 가축이 대기 중 온난화가스에 미치는 영향을 18퍼센트보다 더 높은 51퍼센트로 추정하기도 했다.

지구 상황이 생각보다 안 좋다. 우리는 부자가 되어야겠다. 덜 쓰고, 모아서, 우리 식구들 먹일 호박을 텃밭에서 가꿔야겠다.

나는 10년 동안 똑같은 재킷을 걸치고 출근하는 직장 동료들을 우러르는 담론을 꿈꾼다. 계절별로 한 번씩 갈아치우는 재킷이 쌓이고 쌓여 시베리아 동토층을 녹여 잠든 바이러스를 깨울 테니까. 슈퍼 태풍과 바이러스와 미세먼지 그리고 혹서와 혹한을 불러올 테니까. 낡은 재킷을 입은 이들이 박수받아야 한다.

하지만 아직 낡은 재킷에서 기후위기 대응의 연결고리를 읽어내는 사람은 많지 않다. 재킷 광고 수입으로 먹고사는 미디어에서 이 이야기를 해줄 리가 없기 때문이다.

그래서 이웃집 백만장자들의 고백이 필요하다. 비닐봉지를 여러 번 씻어 쓰는 검소한 이웃들이 경제적 자유를 얻어냈다는 솔깃한 이야기를 많이 듣고 싶다.

---

* 시릴 디옹, 권지현 옮김, 《작은 행성을 위한 몇 가지 혁명》, 갈라파고스, 2019년, 36.

나는 왜
버리지 못하는가

낡은 의자가 하나 있다. 철제 프레임으로 된 다리는 군데군데 녹슬었고, 등판 뒤편에 있던 상표는 사라진 지 오래다. 이가 서넛 빠진 늙은 권투 선수 같다. 한참 전에 은퇴했다고 해도 고개를 끄덕일 법한 인상인데, 의자는 여전히 서재의 메인으로서 현역 자리를 지키고 있다. 나는 이 녀석을 잘 안다. 일곱 살 되던 해, 초등학교 입학 기념으로 받은 의자니까.

나는 이 의자를 사랑했다(라기엔, 30대 중반이 된 지금도 이 의자에 앉아서 글을 쓰고 있지만). 심지어 고향을 떠나 타지 대학교에 진학할 때도 의자를 들고 갔다. 군 복무를 하면서 본가에 잠시 맡겨둔 기간을 빼면, 오랜 친구 같은 이 의자는 거의 30년간 내 엉덩이를 책임져주고 있다. 간혹 이렇게 말하면 고가의 명품 의자이기에 가능한 게 아니냐고 반문하는 경우가 있는데 전혀 그렇지 않다. 내 의자는 지극히 평범하다. 대량생산된 표준형 학생 의자 중 하나에 지나지 않는다. 그래도 내구성 하나만큼은 매우 훌륭한 것 같다.

초등학교 입학을 앞두고 부모님과 함께 가구 매장을 방문한 기억이 희미하게 난다. 당시 나는 다소 들떴다. 부모님께서 내가 고른 제품을 사주겠다고 약속하셨기 때문이다. 학생용 가구는 총판형 매장 구석에 있었다. 여러 브랜드를 돌며 고민한 끝에 (둘러보기를 빙자하여 부모님께서 가격 범위를 조정하신 듯하지만) 나는 의자와 책상이 한 세트인 제품을 골랐다. 나는 동생과 서점 놀이를 자주 했다. 상상 속에서 책상은 서점 매대였다. 나는 친절한 점원이자 고약한 손님의 정체성을 가진 다중인격자가 되곤 했다. 어린 시절의 자녀가 놀던 추억 때문인지 부모님은 나와 동생이 성장한 후에도 책상을 버리지 못하셨다. 두 번째 이사하면서 책상을 또 들고 가려는 걸 겨우 말려 어렵게 책상과 이별할 수 있었다. 용케 의자는 살아남았지만.

이제는 전설이 돼버린 의자에 앉아 서재를 둘러본다. 10년을 넘긴 물건들이 꽤 된다. 전축 스피커(본가에 있던 걸 가져와서 컴퓨터용으로 고쳐 씀), 만년필, 손톱깎이 세트, 학용품 수납함을 여전히 애용하고 있다. 내가 직접 조립한 데스크톱 컴퓨터는 2년마다 포맷 작업을 거쳐 9년째 쌩쌩하게 돌아간다. 흐음, 가끔 이런 정경들에 집중하고 있노라면 나의 오래된 질문이 가슴 깊은 곳에서 솟아난다.

'나는 왜 버리지 못하는가?'

이상하게도 나는 멀쩡한 물건을 버리는 게 몹시 아깝다. 어려서부터 그랬다. 단순히 돈 때문은 아니다. 열한 살 무렵에도 세상 사람들이 새 제품이 나왔다는 이유로 쓰임새가 남은 물건을 바꾼다는 사실이 무척 받아들이기 힘들었다. 의도치 않게 나는 짠돌이로 불렸다. 물론 결과적으로 돈을 적게 쓰게 된 것은 맞지만, 행위의 동기는 용돈 축적에 있지 않았다. 하지만 자기 객관화를 통해 남이 이해할 법한 언어로 내면을 풀어내기에는 너무 어렸다. 그저 짠돌이로 불리며, 마음속 어딘가 한구석에는 무분별하게 소비하고 싶지 않은 내 마음을 적확한 언어로 풀어내고 싶다는 욕망을 품고 살았다. 그러다 기회가 왔다.

2011년 동일본대지진 이후, 일본에서 미니멀리즘 사조가 널리 퍼졌다. 우연히 들른 서점에서 미니멀리즘 서적을 접한 뒤, 열쇠를 잃어버린 줄만 알았던 마음의 자물쇠가 철컥 풀렸다. '맞아, 바로 내가 하고 싶었던 말이 이거였어' 하고 거듭 밑줄을 쳤다. 설명 하나하나가 가슴에 와닿았다. '유행 따라 쓰레기를 버리고, 물건을 갈아치우는 건 자본주의의 산물이다' '손실 없는 무한 성장은 허구이며 지구는 거대한 폐기물 집합소로 변해가고 있다' 나는 그 말들이 하나하나 정겹고, 고마웠다.

세간에서 짠돌이는 부정적인 이미지를 가지고 있다. 짠돌이라는 낱말 앞에는 (면전에서 드러내지 않더라도) '인색한' '돈밖에 모르는' '사회생활할 줄 모르는' '시류에 뒤처지는' 등의 수식어가 따라붙는다. 그런데 미니멀리즘은 짠돌이에게 이론적 근거와 도덕적 명분을 부여해주었다. 더불어 막연하게 갖고 있던 지구 생태계 파괴의 우려를 구체화했을 뿐 아니라, 생활과 결부된 환경보호 실천 방법을 알려주었다. 나는 (똑똑하며 풍부한 언어를 지닌) 동지들이 이렇게나 많다는 사실에 위로받았고, 그 사람들이 나보다 훨씬 부지런해 보여서 안심했다.

그 이후 나는 한결 여유로운 마음으로 짠돌이 생활에 임하고 있다. 미혼 무렵부터 쓰던 가스레인지, 세탁기를 그대로 들고 와 신혼살림에 보탰다. 의류건조기 대신 빨래건조대를 고집하고, 식기세척기와 무선청소기, 커피머신에 눈 돌리지 않았다. 이탈리아로 떠난 신혼여행도 자극이 되었다. 베네치아와 피렌체에서 나와 아내는 골목 구석구석을 누비며 오래된 것들이 주는 아늑함과 운치에 푹 빠져들었다. 또 물려받은 할머니의 반지를 아끼는 아가씨와 할아버지의 재킷을 덧대어 입은 청년을 보았다. 찌그러진 범퍼는 기본인, 80년대에 생산되었을 법한 자동차들이 여전히 섹시함을 뽐내는 로마에서 새삼 감탄했다. 오래된 것은 나쁜 것이 아니라고. 아흐레 동안의 짧은 여행이었지만 한국인이 유독 새것을 좋아하고, 그 기호를 충족하기 위하여 엄청난 양의 쓰레기를 생산한다는 사실을 여실히 실감할 수 있었다.

그럼 새로운 물건을 아예 안 사는 것이 정답이냐. 당연히 그렇지는 않다. 없으면 너무 불편해서 사야만 하는 물건도 있다고 생각한다. 나의 경우는 세탁기나 자동차가 그렇다. 자동차를 예로 들어 설명하자면 내가 사는 강원도는 수도권처럼 대중교통망이 촘촘하지 않다. 아내와 나는 부부 교사라 같은 학교에 근무할 수 없고, 아이들도 유치원과 어린이집에 따로 다니니 자가용이 적어도 한 대는 꼭 필요하다. 대신 두 가지 원칙을 세웠다.

하나, 가끔 불편하다고 차를 두 대 끌지 않는다. 한 대로 유지할 수 없는 일상이라면 휴직을 해서라도 일상을 조절하는 게 우리 가정의 균형 감각에 부합한다.

둘, 최소 10년 동안 20만 킬로미터 이상 운행한다. 차는 소모품이지만 적절히 관리하면 오래 탈 수 있다. 단지 스마트 크루즈 기능을 갖춘 전기차가 출시되었다는 이유로 차를 바꾼다면 나는 얼리어답터가 아니라 얼리트래쉬메이커에 불과하다. 마음에 들지 않는 저가의 차량을 선택하여 10년간 고통받는 게 싫다면 차라리 고성능의 쾌적한 차량을 구입하여 즐겁게 오래 타는 것도 한 방법일 것이다.

나는 드라이브하면서 음악 듣는 시간을 무척 사랑한다. 더군다나 드라이브 코스가 파도 일렁이는 해안가라면 완벽하다. 이 멋진 취미생활을 오래 유지하고 싶다. 나뿐 아니라 나의 자식과 후손들에게도 이 즐거움을 물려주고 싶다. 그러려면 내가 지금 보고 있는 바닷가의 풍경을 소중하게 보존해야 한다. 하지만 지금의 한국인 생활방식으로는 불가능할 것이다, 아마도. 우리는 지나치게 많은 자원과 에너지를 사용하는 일상을 당연하게 여긴다. 그 결과 모래사장에는 온갖 쓰레기가 쌓이고, 바닷물에는 미세플라스틱이 수프 건더기처럼 둥둥 떠다닌다.

어찌하면 좋을까 고민하면서 나는 30년 된 의자에 앉아 차를 최소한 20만 킬로미터는 탈 것이라 다짐하며 이 글을 쓴다. 환경운동가가 아닌 일반인이라도 이 정도는 충분히 할 수 있지 않을까 하면서. 돈도 아낄 겸.